SINGHA

mark

這個系列標記的是一些人、一些事件與活動。

mark 185
魔杖之外：湯姆・「踘哥馬份」・費爾頓的成長與掙扎
作者：湯姆・費爾頓（Tom Felton）
譯者：王之瑜
責任編輯：張晁銘
美術設計：簡廷昇　排版：陳政佑
校對：李亞臻　名詞審訂：楊皓宇
出版者：大塊文化出版股份有限公司
台北市 105022 南京東路四段 25 號 11 樓
www.locuspublishing.com
讀者服務專線：0800-006689
TEL：(02) 87123898　FAX：(02)87123897
郵撥帳號：18955675
戶名：大塊文化出版股份有限公司
法律顧問：董安丹律師、顧慕堯律師

總經銷：大和書報圖書股份有限公司
地址：新北市新莊區五工五路 2 號
TEL：(02) 89902588　FAX：(02) 22901658

初版一刷：2023 年 6 月
初版二刷：2023 年 6 月
定價：新台幣 480 元
ISBN：978-626-7317-21-1
Printed in Taiwan

魔杖之外

Beyond the Wand:
The Magic and Mayhem of
Growing Up a Wizard

湯姆．費爾頓＿著　王之瑜＿譯
TOM FELTON

謹將這本書獻給一路上支持我的麻瓜們。

目錄

推薦序

艾瑪・華森

你知道在生命中，讓你感覺被看見的那個人嗎？不知怎的，見證了你一切歷程的那個人？不需要和他說什麼，就會了解——真正了解——你發生什麼事、正在經歷什麼的那個人？

對我來說，那個人就是湯姆・費爾頓。

正如你將在這本書中讀到的，我們的關係一開始並不順利。我們剛認識的時候，我是個花癡又或許有點煩的九歲小女孩，像隻小狗一樣跟在他後頭，希望獲得關注。但正如他以優美的文筆、大方的態度在這本書中娓娓道來的一切，我們的友誼並沒有就此結束。謝天謝地，我們的友誼如花綻放，歷久不衰。

如果可以把《哈利波特》的故事歸結為一個核心概念（故事中的主題相當多，我這邊的確有點誇張了），那肯定是友誼的價值，沒有友誼一切都沒有意義。友誼是人類生存的關鍵，在我人生關鍵的轉捩點，我非常感謝湯姆能夠理解我，讓我安心。我們的友誼給我力量，讓我度過生命中一些最有挑戰、最需要深思反省的時刻。

別說我了，這本書的主角是湯姆。他的心胸寬大，有如一顆行星。我從來沒見過他這樣的人，也許除了他媽媽雪倫（Sharon）吧。費爾頓因子真的存在。你會在這本書中讀到湯姆的哥哥克里斯（Chris）的許多故事，他是《哈利波特》片廠的常客，也是我見過最風趣的人之一。他們一家子都很特別，而湯姆作為四兄弟之中的小弟，承襲了他們的善良與樸實的天性。

也就是說，如果你遇到湯姆，你遇到的就是真正的湯姆。並不是所有演員都是如此。絕大多數的演員與大眾見面時，都會戴上面具。那就像按開關一樣：他們非常專業，做得非常好，見到他們的人永遠不會知道其中的差別，但那並不是他們真正的樣貌，那只是例行公事罷了。湯姆可不會那樣。湯姆始終是湯姆。他並不會按下開關，也根本沒有什麼開關。你看到的就是真正的他，表裡一致。他對他的粉絲以及整個《哈利波特》社群都非常大方。他那種讓我感覺被看見的特殊能力，也擴展到了每個人身上。他飾演過霸凌者，他有時甚至可能覺得自己也是個霸凌者。但聽我的準沒錯：他跟那個詞簡直天差地遠。他富有創造力，善解人意，而且誠懇真摯。他想要去愛所有事物與人。

蘇格拉底曾說，未經審視的人生只是枉然活著。看到湯姆在這本書中如此誠實地反思自己的生活與經歷，讓我想起他擁有高度的自覺。他既能自嘲，也能回顧他生命中艱難、痛苦的時刻。他正在自我成長的路途上，而我同意蘇格拉底，在我心目中，尋求自我成長的人才是真正的人。但湯姆在這段路途上比大多數人多走一步：他為我們讀者開箱了這個旅程。這是一種無私的行為，尤其是在社群媒體與即時新聞當道的世界，湯姆如此袒露自己，在意見兩極化的時代更是緊張。我們想要過一段真實、坦誠、自我審視的人生，而湯姆顯然做到了。

我和湯姆一樣，總是努力試圖向其他人解釋我們之間的默契與關係的本質。二十多年來，我們以一種特殊的方式相愛，而我已經記不清有多少人對我說：「你們絕對有喝醉然後親熱過，至少有一次吧！」「你們一定接吻過！」「一定有什麼吧！」但我們所擁有的遠比那還要深刻。這是我能想到的最純粹的一種愛。我們是知心朋友，一路上支持著彼此。我知道我們永遠都會如此。想到這一點，我就會情緒激動。在這個如此急著下定論、懷疑他人、質疑意圖的世界中，有時候會覺得人生很難。湯姆可不會那樣。我知道，即使我犯了一個錯，他也會明白我的意圖是好的。我知道他會永遠相信我。即使他沒有掌握事情的全貌，他也會相信我的出發點是好的，相信我會盡我所能。這就是真正的友誼，像這樣被看見、被愛，是我生命中最大的禮物之一。

我們倆一向熱愛文字，熱愛文字能夠如何用來善加表達自己。湯姆，你是個詩人。你的思維與表達美麗迷人，風趣又溫暖。我很高興你寫了這本書與我們分享。這是一樁樂事、一份禮物。

這個世界很幸運有你，但我更幸運，因為我有你這個朋友。我靈魂的小碎片，我向你致敬，也恭喜你。

艾瑪．華森　二〇二二年，於倫敦

01

頭號不受歡迎人物

Undesirable No. 1

跩哥第一次以身試法

Draco's First Scrape
with the Law

我就攤牌了：這不是我最自豪的一段過去。事實上，就連我媽媽也不知道這件事。

所以呢，媽，對不起。

事情發生在一個熱鬧的英格蘭小鎮，繁忙的周六下午。顧客匆忙進行日常行程，成群結隊的青少年在購物中心出沒，做著青少年會做的事。沒有人注意到一個十四歲的瘦弱男孩，膚色蒼白，一頭漂染的頭髮，和一夥人在附近遊蕩。這個男孩就是我，而我真的很遺憾地告訴大家，我們正打算惹麻煩。

你可能會認為——而且你這樣想是正確的——我一頭顯眼的金髮，應該要避開麻煩才是明智之舉。你可能會認為，惹麻煩應該不是我優先要做的事。但事實證明，普通的青少年並不總是做正確的事情——當然也不總是做明智的事情——而我正非常努力要成為那樣的人：普通的青少年。

如果你的另一個自我是一名巫師，要做個普通的青少年有時並不是很容易。

這是我魔法生涯的早期，在《哈利波特》（*Harry Potter*）第一集和第二集電影之間

發生的事。我們的目標是薩里郡基爾福（Guildford, Surrey）的ＨＭＶ唱片行——這在當年可是相當適合消磨時間的地方。小孩子從專輯盒子裡將音樂光碟摸走，藏在外套裡走出店外是稀鬆平常的事。對於可憐的保全來說，他們每天的挑戰就是巡邏走道，抓捕心懷不軌的小屁孩。在周六這一天，我這夥人的目標比音樂光碟更厲害：一張「成人」性質的ＤＶＤ，而我們離購買年齡都還遠得很。我現在想起這件事就害怕。說實話，我當時心裡也很難受，但我不想表現出來，因為我想融入酷小孩的圈子。就連我們之中最酷的男生也不願犯下如此嚴重的罪行，因為這有可能導致非常丟臉的後果。

這就是為什麼我會自願去做。

親愛的讀者，我並不是什麼機靈鬼[1]。手掌出汗，脈搏加速，我以萬分尷尬的隨性態度走進店裡。聰明的做法應該是找到目標，把它摸走，然後盡快離開。要是我有多一點史萊哲林（Slytherin）的狡猾，也許我就會那樣做了，但我沒有。找到那張ＤＶＤ之後，我沒有迅速又巧妙地行竊，反而開始徘徊。我在那條走道上肯定徘徊了五十次，皮膚因為不安而發麻。我甚至還隨便問了一個陌生人能不能幫我買，這樣我就可以在酷小孩面

1 譯注：原文為Artful Dodger，是狄更斯名著《孤雛淚》筆下少年扒手傑克·道金斯（Jack Dawkins）的綽號，後來用以形容一個人詭計多端。

前假裝行竊成功了。那位陌生人理所當然地拒絕了，我就繼續我的埋伏，在走道上走來走去。

走來走去……

走來走去……

肯定過了一個小時。說真的，我相信這時候全店的保全都注意到我了。我不知道他們有沒有認出我，發現世界上最廢的小偷是演《哈利波特》電影的男孩子。但我知道：我的頭髮要不是超級奇怪，就是非常顯眼。頭髮亮得和燈塔一樣，讓我無法融入人群。

我真希望我當初沒有自願。我知道這很蠢，但我沒辦法兩手空空、夾著尾巴離開，所以最後我深吸一口氣，豁出去了。我假裝看著天花板，用滿是汗水的手指亂摸一通，笨拙地將防盜貼紙撕掉，將閃亮亮的光碟片從塑膠盒中取出，塞進口袋，然後飛快地走向門口。

我成功了！我已經看到同夥在外頭，我給他們一個心照不宣的微笑。我可以感受到他們的興奮之情。

然後……大禍臨頭！

我還沒走出唱片行一步，就被三個魁梧的保全包圍。我的胃彷彿結了冰，保全很有禮貌但又無比堅定地護送我回到店內。我狼狽地在店內走著，被全店行注目禮，我頭低低的，拚命祈求沒人認出我。那時候，我的角色還沒有那麼具代表性，但總是有機會被認出。保全帶我進店裡頭的一個小房間，他們圍著我站，表情嚴肅，要我把口袋的東西掏出來。我怯生生地交出了光碟，然後請他們——哀求他們——不要做某件事，那會給這個充滿遺憾的越軌行為雪上加霜。「拜託，」我說，「拜託不要告訴我媽媽！」如果她發現這件事，這種羞辱將會難以承受。

他們沒有告訴我媽媽，不過他們拿出拍立得相機，讓我靠著牆，給我的臉拍了一張快照。他們把我的拍立得照片貼在牆上，加入其他企圖順手牽羊的慣犯照片集，然後告訴我，我被終身禁止進入。我再也不能踏進ＨＭＶ唱片行。

老兄，我絕對不會再來的。我臉頰發燙，頭也不回，以最快的速度離開。我的朋友一看到保全早就逃跑了，所以我獨自搭火車回家，避避風頭。

那張金髮湯姆的照片在ＨＭＶ的牆上貼了多久呢？誰知道呢，或許現在還貼著。但在那之後的幾周，我很害怕華納兄弟（Warner Brothers）或報社發現我愚蠢又輕率的行為。我從來沒告訴任何人，但如果有人認出我的照片，會發生什麼事呢？我會被解僱嗎？下一集電影裡面，霸凌哈利（Harry）、榮恩（Ron）、妙麗（Hermione）的，會不會是另一個跩哥（Draco）？這起丟臉的觸法事件會不會讓我成為公眾的笑柄呢？

正如我所說的，我很努力想成為普通的青少年。雖然未來還會發生很多事，不過在大多數方面，我認為我處理得挺好的。但當你在眾目睽睽之下長大，正常和魯莽之間只有一線之隔。毫無疑問地，我在那個周六下午跨越了那條線。小湯姆·費爾頓雖然不是跩哥·馬份（Draco Malfoy），但他也不是聖人。也許這就是當初我拿到角色的原因？各位就自行判斷吧。

喔，我們後來也沒有機會觀賞那張ＤＶＤ。

02

我的麻瓜家庭

My Muggle Family

一窩裡的矮子

Runt of the Pack

我後來最著名的角色跩哥·馬份是個獨生子，出生在一個冷酷無情的家庭。我自己的家庭截然不同。我家關係緊密，充滿了愛，毫無秩序又相互扶持，家庭是我童年生活的中心。我是四兄弟裡頭的老么。在我向各位介紹我的爸媽之前，我想要先聊聊我的三個哥哥。他們各自以不同的方式深深地影響了我，如果沒有他們，我會是個很不一樣的人。

我的三個哥哥會很高興告訴你，我是我們這一窩裡的矮子。至少，他們從前是這樣親切地叫我的。（我覺得他們是開玩笑的，但你也知道，兄弟嘛。）我是四兄弟裡頭最小的。強納森（Jonathan）、克里斯多福（Christopher）和艾許利（Ashley）結伴而來，三個男生在四年間陸續報到。然後我媽媽休息了六年，在一九八七年九月二十二日生下我。因此，我一來到世上，就有三個哥哥一直讓我往外跑，讓我不會整天坐在沙發上看電視。三個用愛霸凌我的哥哥。三個總是開玩笑的哥哥，說我這麼晚才出生，不是因為爸媽意外懷了我，而是因為我是牛奶送貨員的小孩。（從以前到現在，他們都比我高大許多，身高都超過六呎（一八三公分），身材壯碩。）總之，我有三個老傢伙專門挫挫我的銳氣——對一個即將展開魔法生涯的孩子來說，我想這不是壞事。

我的哥哥不僅叫我「矮子」，如果他們心情好，也會叫我「小蛆」。不過他們對我也很好，在我不尋常的童年中，他們都對我有很大的正面影響，雖然方式略有不同。

強納森——我們都叫他金克（Jink）——是我的大哥，從前是他第一個以身作則，讓我發現對藝術有熱情是一件很酷的事。金克的房間牆上貼著綠洲合唱團（Oasis）的海報，房間裡有一把黑色的 Stratocaster 電吉他——不知道是不是雜牌的。他喜歡音樂、唱歌、表演——很多孩子不被鼓勵去做那些事。如果沒有金克，我可能也會遇到一樣的狀況。我很小的時候，他去上表演課，我會和家人一起去看他在舞台上表演。台上的演員都是小朋友，最大的不超過十歲出頭。我們就老實說吧，這些表演不熟練，也不專業。金克現在是個整脊師——他也常說，真是可惜了他的才華——但他也是個非常有創造力的人。我記得看他演出音樂劇，如《南太平洋》（*South Pacific*）、《西城故事》（*West Side Story*）、《紅男綠女》（*Guys and Dolls*），以及讓我印象深刻的《恐怖小店》（*Little Shop of Horrors*）[2]。坐在觀眾席，睜大眼睛的那些時刻，讓我學到重要一課，並塑成我性格的一部分：做這個並不奇怪，而且看起來很好玩。看我的大哥在台上，我了解到，不論其他人是怎麼想的，我也可以想要表演。

幹得好，金克。再來是二哥。

2 譯注：《恐怖小店》最早於一九六〇年上映，後隨著電視經常播出，知名度逐漸上升，於一九八二年改編為同名音樂劇，再於一九八六年以音樂劇版本改編成經典邪典音樂電影《異形奇花》，也是此 IP 最廣為人知的版本。此處採早出的《恐怖小店》譯名。

克里斯？他完全相反。「演戲超遜的，老兄！跳舞？你滾啦！」

克里斯是費爾頓四兄弟的二哥，要他穿上粉紅色緊身衣，假裝自己是神仙教母，簡直比登天還難。但我要說，這真的很可惜，因為他穿蓬蓬裙一定超好看。金克對周遭的情緒變化比較敏感一些，而克里斯則是直來直往、心口如一。拍《哈利波特》的那些年，克里斯是跟我最親的哥哥，這或許有點出人意料。他負責照顧我，讓我安分，他對青少年的湯姆影響最深。克里斯在《哈利波特》電影拍攝期間陪了我兩集半。說是陪著我，但意思其實就是他睡在片廠拖車上，充分利用片廠的免費餐飲——這個我們晚點再聊。現在就先這麼說吧，身為陪同者，克里斯並不總是認真看待他的責任。我們常在晚上八點離開片廠，開超過一個小時的車，直接抵達我們本地的漁場。架好帳篷、投好釣竿，我們就享受釣魚的夜晚。然後，到了早上六點，我們收線、打包，回去片廠（身上有點泥巴），然後在華納兄弟的善良夥伴們面前，假裝我前一晚在家好好睡了一覺。因此，如果你覺得蹚哥的臉色有時候有點蒼白，那不完全是造型組造成的。

曾經有段時間，在我眼中——我想，在大部分人的眼中也是一樣的——克里斯絕對會成為費爾頓一家最有名的人。至於他成名的原因？他曾是英格蘭最被看好的鯉魚垂釣新秀之一。鯉魚垂釣者的社群非常緊密，而克里斯備受關注。他在知名的湖泊釣到知名的魚，因而數次登上《鯉魚談》（*Carp Talk*）和《大鯉魚》（*Big Carp*）等雜誌封面。在我喜歡垂釣的同輩之中，這對我有好處，他們非常崇拜克里斯，而我也因此沾光，在朋友中的評價上升。因為我也很景仰他，我們只要有一丁點的空閒時間，就會一起去釣魚。《哈利波特》改變我們的人生時，他一定很難受：前一秒他還是英國知名的頂尖釣魚人，下一秒大家都改叫他「跩哥．馬份的哥哥」，叫他「騎你的掃帚啊，老兄！」不過克里斯還是以平常心看待。雖然我後來還會遇到很多事，但在我的成長過程中，他真的是我的英雄。他介紹很多音樂給我——巴布．馬利（Bob Marley）、超凡樂團（The Prodigy）、馬文．蓋（Marvin Gaye）、吐派克（2Pac）——音樂後來也成為我畢生的熱忱。他也有介紹一些沒那麼純潔的消遣給我，我們之後再談。不過，令我們癡迷的是釣魚。

因為克里斯的關係，我是薩里郡伯里丘漁場（Bury Hill Fisheries）的常客，在《哈利波特》拍攝的初期，我甚至周末在那邊打工，賺一點零用錢，還可以免費釣魚。我打工的內容主要是在停車場幫忙指揮，每個周六、周日的早上六點我都出現在那個小小的停車場，幫忙指揮急著要開釣的客人把車停好，而我漂染的馬份金髮則是藏在釣魚毛帽之下。接下來，我會買個培根三明治，然後帶著裝滿硬幣的褐色皮質包包在湖邊巡視，賣門票給垂釣客。

我要說，我並不是很認真負責的員工。有一次，我回克里斯的公寓看一場大型拳擊比賽，英國播出的時間是凌晨四點。我非常興奮，設法撐到了比賽開打的那一刻，然後十二歲的小湯姆就睡到不省人事了。兩小時後，哥哥叫我起床去工作。我人是到了，但我後來再度被叫醒，老闆發現我在樹下打瞌睡。我睡著的時候，釣客們已經自助停車，整個停車場一團亂。抱歉，老闆。

漁場的釣客看到跩哥．馬份幫他們指揮四輪驅動車要停在哪，還向他們收錢，你可能會認為他們會覺得很奇怪，但我其實保持了一定的匿名程度。我被認出來的次數，其實一隻手就數得出來。漁場的客群是很特定的一種暴躁老人，至少當年在我看來是如此。沒有人認得出我，而且我告訴你，周六的黎明時分會來釣鯉魚的青少女實在為數不多。偶爾會有記者來，寫一些關於我的麻瓜（Muggle）打工的報導，漁場老闆也不時希望這能幫他宣傳一下，招攬生意。總的來說，我能夠不被打擾，享受這份打工。而我的確也很享受，但不是因為每天收工時能拿到現金二十英鎊，而是因為可以免費釣魚，那是吸引我和克里斯的主要原因。我們為魚癡迷沒錯，但我們更愛的是釣魚相關的一切：星星和月亮、親近大自然、釣竿、卷線器、露營帳篷，當然還有球餌。球餌是一種大小如同大彈珠的魚餌，製作方法是在廚房烹煮各種噁心惡臭的食材，例如魷魚肝、雙倍螃蟹怪[3]——這些材料出現在魔藥學課堂上也不奇怪。我們以前會在家裡煮球餌，讓媽媽氣得要命。我們搞得一團亂、臭氣沖天，信誓旦旦地說一定會清理，然後就出門前往我們心愛的漁場。

我的三哥艾許年紀與我最相仿，因此從某些方面來說，我的童年大部分時間是和他一起度過的。與大哥、二哥不同的是，艾許和我的年齡差距小到可以同時在同一所學校就讀。（這麼說吧：和哥哥上同一所學校是很有用的，特別是艾許當年那樣的身材。）艾許和我都有一種很特別的幽默感，我們總是一起看《辛普森家庭》（*The Simpsons*）和《瘋四與大頭蛋》（*Beavis and Butt-Head*）。到了現在，我跟他說話也還是很常用瘋四的聲音，而不是我自己的聲音。我們在公眾場合時，有時不得不收斂一下。我們會一起運動——看完《怪物奇兵》（*Space Jam*）之後，我們纏著爸爸在院子裡做了一個籃框。看完《野鴨變鳳凰》（*The Mighty Ducks*）之後，我們有一陣子想當冰上曲棍球員。

艾許（Ash）是世界上最好的人，他心胸寬大，還有我最欣賞的幽默感。但他大約十三、十四歲開始，便深受巨大的情緒起伏所苦，以至於他進入青春期的時候不再想去上學，甚至不想出門。他一直對自己不太滿意，於是他後來在醫院的封閉病房中度過了

3 譯注：一種市售球餌的口味。

很長一段時間。我還記得，我放學後常去基爾福的一所醫院看他。我很想說我每次探病都很識相、很有耐心，但我那時候還小，應該還沒有充分理解這一切，所以我真的只記得我問我媽媽我們什麼時候可以走。

謝天謝地，等到艾許感覺好點，可以回家的時候，我們又回到了一起歡笑的日子。但他在青少年時期遭遇的困難也預示了其他費爾頓兄弟——包括我自己——的心理健康問題。晚點再提，現在先記著我們有這樣的傾向。有些問題是很難逃脫的，它們最終總會追上你。

總之就是這樣：我有三個哥哥，以各自的方式跟我很親。我深刻了解，我參與《哈利波特》一事已經對他們的人生造成不可逆的影響：在一定程度上，他們永遠會被視為跩哥．馬份的哥哥。但我也同樣意識到，他們每個人都對小湯姆帶來獨特的影響。金克：創造力、對表演的熱愛。克里斯：對戶外活動的熱忱、踏實的特質。艾許：幽默感、沒有陰影就沒有光明的預示。這些都是重要的人生課題。雖然我可能只是小蛆——我們這一窩裡的矮子——但沒有他們，就沒有今天的我。

我和很多小朋友一樣，喜歡的事情一直在變。而我生命中最大的優勢就是我媽媽非常支持我，但又不會給我過多的壓力，不會逼我選了一件事情就要繼續做下去。

我的成長環境很舒適，我們的房子叫紅葉（Redleaf），位在薩里郡一座農場對面。那是一個快樂又熱鬧、樸實無華的地方。我們家並不是非常有錢。我們的每周樂事是去多琴（Dorking）的後車廂二手市集，二十便士在那裡能買到不錯的東西，要是口袋裡有五十便士，那就會笑開懷了。我相信我爸爸——一位勤奮工作的土木工程師——會原諒我說他對錢的態度是出了名的謹慎。我看過他在慈善義賣商店殺價！當然，這樣的理財態度讓我從來不用挨餓，但我認為在我爸媽婚姻的後期，這也造成了他們之間的緊張。我媽媽會說：「我真的覺得我們該給湯姆買一把小提琴，他說他想學。」而爸爸會不無道理地回覆：「我們才剛幫他買曲棍球桿！他對曲棍球沒興趣了嗎？」

答案是，沒錯，我大概已經對曲棍球沒興趣了。我看到其他吸引我的事情，就會放棄舊的，就像喜鵲被亮晶晶的新玩意兒吸引。這讓我爸爸很受不了，但我每次找到新的興趣，不管是幾分鐘的熱度，媽媽都會很興奮，而且絕對不會讓我的熱忱消退。每當最新的一股熱忱無可避免地減退，她也從來沒有爭論或是批判我。我拿到小提琴三個月後，開始躲在男廁裡不想上小提琴課，轉而迷上我新的超酷溜溜球，她的眉毛也抬都不抬。如果爸爸想拿那把小提琴往我的後腦杓打下去，我也不會怪他。不過，媽媽很樂於鼓勵我成為那種懷抱熱忱的男孩，在新的熱忱出現的時候，也不會強迫我要堅持舊的。

這並不是說我爸爸對我不關心，他非常關心我們。他很擅長建造東西，所以如果我們想要什麼，他就會想辦法做出來。與我們討論確切的需求後，他在院子做了精緻的籃框、曲棍球門，甚至還設置了滑板坡道。他經常在午夜時分出沒於工具房，鋸來鋸去，幫我們製作這些厲害的設施，而用的材料通常是從附近垃圾場「借來」的。

不過，有些東西爸爸做不出來，或著即使他能做，我們也不想要他花心力自製。我們想要的是閃亮亮的新商品，朋友都有買的那個品牌。這些物欲就需要媽媽的資助了，於是在照顧四個男生(加上爸爸就是五個)之外，她還抽出時間做好幾份工作來賺外快。她是當地的不動產經紀人，但她晚上還會和她的朋友莎莉（Sally）——我們都叫她莎莉阿姨——一起擺貨上架、清掃辦公室。莎莉阿姨一直是我生命的一部分，她甚至在片廠當過我的陪同者一陣子。而這一切都只是因為我想要一顆新的溜溜球，或是因為艾許不想要沃爾沃斯超市（Woolworths）賣的籃球，而要五倍價格、印有飛人喬丹（Air Jordan）標誌的籃球。不論我們被什麼東西吸引，媽媽都盡她所能幫我們實現。

總歸一句話：我今天能走到這一步，要大大地歸功給我媽媽，雖然她他從來沒有把我往演員的方向推。我當初也有可能立志當職業小提琴家、冰上曲棍球守門員，或是極限溜溜球達人。對她來說，我最後決定追求哪一個目標並不重要，但有一點是肯定的：無論是什麼，媽媽都會幫助我實現。

從以前到現在，爸爸都是我們這一窩裡的搞笑大王。他喜歡拿自己開玩笑，總是能找到方法說個笑話，或是加入一些自嘲的幽默。可以想像他是德瑞男孩（Del Boy）、黑爵士（Blackadder）、巴索．弗爾蒂（Basil Fawlty）[4]三個角色合而為一。我也從爸爸那邊遺傳到了這個特質，我到現在仍會運用幽默感。在我這一行，我們經常會認識新的人，需要快速打破沉默。我總是試圖運用一點幽默、搞笑，讓對方卸下心防，這就是我從我爸爸那裡學會的技巧。

爸爸是個土木工程師，會在世界各地的工地處理大型建案，也就是說，他有時候不在家。然而，隨著我年齡的增長，工作讓他更常不在家了。他和媽媽離婚之後，爸爸的缺席更加明顯。他們結婚二十五年，我清楚記得他們感情很好，尤其是在我們年度的露營假期期間。他們會互相叫對方「熊寶貝」、「親愛的」。他們從那樣子的互動，轉變成

4 譯注：德瑞男孩（Del Boy）、黑爵士（Blackadder）、巴索．弗爾蒂（Basil Fawlty）都是英國情境喜劇影集的知名角色。

我坐在樓梯上，聽到截然不同的對話——不是吵架，而是一種明顯缺乏親密感的交流。大約在《哈利波特》電影第一集上映的時候，我記得我媽媽開車送我上學，不帶感情地告訴我：「我和你爸爸要離婚了。」沒有長篇大論，沒有激動情緒，那一刻體現了典型的英式務實精神。我不記得當時有什麼特別痛苦的感受，也不記得媽媽說爸爸找到新對象的時候，有什麼憤怒的感覺。畢竟我那時才十二歲，我更在乎的可能是當天要在操場上找哪個女生聊天。

在那之後，爸爸周間會住外面，周末回家，然後媽媽周末就會去和她的妹妹，也就是我的琳蒂（Lindy）阿姨一起住。我想這是個不太尋常的安排，持續了幾年。這對十幾歲的我們來說是件好事，因為到了周末，我們幾乎是逍遙法外。當媽媽在方圓半英里（八百公尺）之內，我們就連敲敲菸盒，都會聽到她大喊「兒子，你們在做什麼？」和爸爸在一起時，一切都比較自由放任。我還記得有個周六的凌晨三點，爸爸下樓，發現我和幾個朋友在廚房做薄煎餅。「你們在搞什麼鬼？」他問道。

「呃，我們在做薄煎餅。」

他聳了聳肩，說：「好喔。」然後微笑一下，就拖著腳步走回臥室了。

相較於一些孩子對於父母離婚的反應，我父母的離異並沒有讓我那麼難過。我不希望他們認為住在一起對我比較好，而因此受苦。如果他們分開更快樂，那對我來說離婚就完全合理。即使我和媽媽搬離紅葉——我當時唯一的家——搬到附近公共住宅一間小很多的房子，我記得我還是很高興，因為媽媽看起來快樂多了。當她為了緩解搬家的衝擊而同意新家可以安裝藍天衛視（Sky TV），我簡直樂極了。當你是個孩子的時候，什麼東西對你才是重要的，真是很有意思。

對於我很小就參與影業，我爸爸可以說是抱持懷疑態度。他並不特別擔心童星走紅的問題，但我認為他確實擔心我可能沒有花足夠的時間與普通人（簡單來說就是麻瓜）相處。我可以理解他為什麼持懷疑態度。他付出了令人難以置信的努力，才達到他的成就。他二十六歲就有了四個孩子。他了解一英鎊的價值，而我認為他強烈希望他的兒子們也應該要了解。他希望我們學習效仿他努力工作的那份強烈精神。我在小小年紀就開始演戲掙錢，而且不必像他那麼努力工作，這對他來說一定很奇怪。或許他被剝奪了父親的角色。遇到這樣的情況，人會抽離也是很自然的。

有時候，他的抽離表現在我覺得難以接受的地方。在《哈利波特》第四集電影首映會上，媽媽和爸爸坐在我的兩邊。開始跑片尾名單的時候，爸爸笑我說：「嗯，你的戲份不多耶？」他缺乏熱忱的表現在當時聽來很刺耳，但回過頭看，我發現我有了不同的解讀。與他的朋友、同事交談過後，我現在知道我不在的時候，我爸爸是怎麼談論我的了。我現在知道他非常以我為榮。我現在也知道，這是一種典型的英國男性特質，不願意表達情感，也不願意說出真實的想法。爸爸對電影業的懷疑態度，並不代表他當時不以我為榮、不關心我。我想，他只是不知道如何表達。他當時正試圖弄懂這個特別的情況，那一定很困難。

演戲讓我從小就有了非比尋常的獨立性，但爸爸對我的獨立發展也非常重要。我九歲時，爸爸帶著我去阿姆斯特丹出差。我記得他在一個大廣場的咖啡館外頭坐下，然後對我說：「出發吧，你走吧。」我身上沒有錢，也不知道自己在哪裡，但他很堅持要鼓勵我自己想辦法解決事情。當時看來，這似乎是一種冷漠，但現在我明白，那對我的發展非常重要。他知道我可能會迷路，但就算迷路了，我終究能找到回去的路。我可能會走進性博物館（sex museum），然後立刻被趕出來，但我不會受傷。我可能會摔個狗吃屎，但就算跌倒了，我也能學會重新站起來。這些都是非常重要的一課。在我以後的生活中，也會有跌得一敗塗地的時候，而我也會需要重新站起來。我很感謝爸爸在我童年的教導，也很感謝他為我做的其他一切。

在隨後的幾年中，我會發現自己加入了一個不一樣的家庭。一個巫師的家庭。不過，我的麻瓜家庭和大多數家庭一樣：有愛、複雜、偶爾有缺陷，但總是會在我身邊。除了籃球和搞笑以外，我的家人也不遺餘力，在我的生活發生不尋常的變化時，提供了我很可能會缺乏的一樣東西：正常的生活。

03

早期的試鏡

Early Auditions

我的老天鵝啊！

Mother Goose!

我能飾演跩哥．馬份，是因為我媽媽腳踩到一片碎玻璃。

讓我娓娓道來。

我不是天才兒童。的確，我從金克哥哥身上學到，我可以對各種創意活動感興趣。的確，我媽媽總是支持我從事任何當下我有興趣的事情。但我生來充滿熱情，而不是充滿天賦。

我不是在假謙虛。我確實有歌手的資質。費爾頓四兄弟都參加過布肯姆(Bookham)的聖尼古拉教堂（St Nicolas）唱詩班（不過為了公開透明，我應該說明，克里斯因為從小賣部偷糖果而被除名了）。有一所著名的唱詩學校邀請我這個小天使去就讀，不過他們一正式錄取我，我就哭了起來，因為我不想轉學，不想離開我的朋友。媽媽身為我的媽媽，跟我說沒有關係——但她還是喜歡時不時提起我被錄取的事。這就是媽媽。因此，我記憶中第一次成為焦點的時刻並不是演戲，而是某年耶誕節在聖尼古拉教堂唱〈小伯利恆〉（*O Little Town of Bethlehem*）的獨唱。

除了合唱活動，我還在附近的菲券姆村會堂（Fetcham Village Hall）參加課後的戲劇社。社團活動是每周三下午，十五、二十個六到十歲的孩子，每三個月為家長們混亂地演出一齣戲。沒什麼嚴肅認真的，就只是小朋友在玩而已。值得重申的是：我的表現沒有什麼值得大書特書的。我的確想參加戲劇社，但我對於我們演出的回憶主要是尷尬，而不是驕傲。其中一齣製作——可能是《小氣財神》（*A Christmas Carol*）——我拿到了藝術上富有成就感、技術上充滿挑戰的角色「雪人三號」。媽媽和外婆花了很大力氣幫我做了一套雪人裝，分成兩件鐵絲骨架的服裝，一件是我的身體，一件是給我套頭的。穿上那套服裝完全是惡夢一場，我還記得那份恥辱。我站在舞台側區，透過布幕的縫隙向外看，看到三四個男生偷偷笑我，因為他們看到小湯姆·費爾頓站在那兒，光溜溜地舉著雙手，讓人家幫我穿上雪人裝。我現在已經習慣經常被人拍照了，但我很慶幸那個時刻沒有留下任何照片為證。

還有一次，我們演了《龍蛇小霸王》（*Bugsy Malone*）。由於我的雪人演出是奧斯卡獎等級的，我這次被升級為「樹木一號」。主要的角色都是給那些年紀大一點的孩子，關鍵原因是他們有表達連貫的能力。有些年紀較小的孩子被分配到一句台詞，我是其中之一，將台詞謹記在心，認真地排練。我在臨時搭建的舞台上，站在隊伍中，耐心地等待我出場的提示。

我等。

我繼續等。

在腦中練習我的台詞。

為我的榮耀時刻做好準備。

然後，很突然地，我察覺到一陣痛苦的沉默。每個人都在滿懷期待地看著我。我的時刻到來了，而我的腦袋一片空白。於是我做了每個有尊嚴的小演員都會做的事：我突然爆哭，以樹木能行走的最快速度搖搖擺擺下了台。演出結束後，我跑向媽媽，滿臉淚水與歉意。對不起，媽媽。對不起！我媽媽安慰我，告訴我沒有關係，這對故事沒有絲毫影響。但直到今天，我仍能感覺到那份羞恥。我讓團隊失望了！

簡而言之，我演戲生涯的開端並沒有大吉大利。我很喜歡演戲，但我並不出色。然後，我的學校作業變多了，我對小提琴的三分鐘熱度也開始了。我告訴媽媽，我可能沒時間參加戲劇社了，就這樣了。

不過，並沒有就那樣。

戲劇社的負責人叫做安（Anne），熱情洋溢又充滿戲劇性。我媽媽告訴她，我想要退出戲劇社的時候，安的反應如其人，非常誇張地說：「不，不，不！這個孩子屬於藝術啊！妳一定要答應我，要帶他去倫敦找個經紀人。他有未經打磨的天賦啊！如果不好好發揮，就太浪費了！」

我很確定她對許多退社的孩子都說了同樣的話。那些周三放學的午後，我並沒有展現什麼特別的天賦，差多了。這一定只是劇場人的戲劇性宣示。但她非常堅持，而她的話語在我心中種下一顆種子。也許我真的能夠找個演員經紀人。那應該滿酷的，對吧？對我來說，演戲的世界也許不只是雪人三號和樹木一號。我開始纏著媽媽，要她照安的建議去做：帶我去倫敦，去演員經紀公司試鏡。

媽媽是個大忙人，要兼差多份工作，讓我們這些孩子可以買籃球、釣魚卷線器、小提琴等。通常情況下，她不可能在處理所有事情的同時，還有時間帶我搭火車到倫敦去滿足我的心血來潮，但那片碎玻璃就在這時候起作用了。那片玻璃已經刺進她的腳裡很久了，但就像大部分的媽媽一樣，她照樣生活，把自己的需要放在第二位。然而，時候到了，她不得不把它處理掉。碎玻璃被取出，然後媽媽有好幾天要拄拐杖。這對我很重要，因為這等於媽媽有一周不用工作。於是，在我的糾纏以及安的說服之下，媽媽提議我們去倫敦一趟。

我們從萊瑟黑德（Leatherhead）搭火車，媽媽一手拿著她可靠的城市指南（A to Z）[5]，一手拄著拐杖。我們的目的地是算盤經紀公司（Abacus Agency），位於倫敦市

5 譯注：英國知名城市地圖集，由 Geographers' A-Z Map Company 出版。

中心某處，要爬三段階梯的一間小辦公室。我打了招呼，自我介紹之後坐下來，我覺得自己很勇敢。我有三個哥哥，記得嗎？這讓我學會如何與比我年長的人交談。試鏡的過程——至少當時在我看來——只是要確保你不是個徹底的笨蛋，或是完全不肯上鏡頭。他們讓我讀了《獅子．女巫．魔衣櫥》（*The Lion, the Witch and the Wardrobe*）的一些段落，並確認了我完全不怕鏡頭，甚至還想把玩攝影機，學習如何操作。他們幫我拍了一張照，準備放進一本演員目錄《聚光燈》（*Spotlight*），就把我打發走了。我猜想每周都有幾十個這樣的孩子，而我做的應該也不比他們多，但我一定是做對了什麼，因為幾周後，電話響了。算盤經紀公司提供我一個機會，可以在美國拍攝廣告。

你總是會記得那幾通電話——當你聽到你得到那份工作時，那種興奮的感覺。第一次接到工作當然也不例外。當時我還不到七歲，費爾頓四兄弟都還沒人去過美國，我就有機會前往。我不只可以去美國旅行兩周，而且還是去美國最精華的地方旅行兩周。這份工作的業主是商聯保險（Commercial Union），廣告的主題是「透過我們投資，您老了之後就能帶孫子進行一生難忘的公路旅行」。他們需要雇用一個可愛的小孩扮演孫子，在美國所有最酷的地方牽著爺爺的手，站在正確的位置，完全不需要任何天賦。湯姆登場。

當然，我媽媽陪我去了。我們去了洛杉磯、亞利桑那州、拉斯維加斯、邁阿密、紐約。他們讓我們住飯店，而這對我們母子來說是很新鮮的事。如果我們住在有撞球桌的飯店，媽媽總是特別高興，因為那可以讓我安靜好幾個小時。另外我也被一個叫做卡通頻道（Cartoon Network）——這對我來說也很新奇——的美麗東西給迷住了，我可以看卡通看一整天。我也第一次發現，有些飯店有個特殊的系統：你拿起話筒，打電話到樓下，他們就會送食物給你！我想吃薯條！我還記得我媽媽怯生生地打給製片，問能不能點薯條給我吃，然後記在飯店賬單上。我猜想，和製片習以為常的那些童星虎媽相比，我媽媽應該令人耳目一新。我們沒有提出什麼過分的要求。我坐在房間裡看《拼命郎約翰尼》(*Johnny Bravo*)，配上一盤薯條，我就很開心了。

我們第一天的拍攝在時報廣場（Times Square）[6]進行，那或許是曼哈頓最繁忙的觀光勝地，也和綠意盎然的薩里郡、菲券姆村會堂有著很大的差別。現場設置路障，將拍攝劇組和人潮車潮給分開來。有人幫我弄妝髮與服裝。我站在那兒，穿著我的服裝（毛帽、大紅蓬蓬外套），逐漸察覺有人在揮手歡呼。我轉過頭去看他們，才發現他們是在為我歡呼！我咧嘴一笑，向他們熱情地揮揮手，他們又歡呼了幾聲。滿好玩的。我已經

6 譯注：Times Square，中文常譯為時代廣場，實為誤譯；因此地名源自《紐約時報》早期在此設立的總部，所以應稱為時報廣場。

出名了！太棒了！不過當然，我並不有名，我是個無名小卒。原來，我那張天使般的小臉，搭配毛帽和蓬蓬外套，讓他們以為我是麥考利・克金（Macaulay Culkin）[7]或是他的弟弟，穿著全套的《小鬼當家》（*Home Alone*）裝扮。抱歉了，麥考利，我搶了你的粉絲，雖然只有那麼一天。

我並不在意被誤認。這很新鮮刺激，我很喜歡。被誤認為麥考利・克金這件事有一點預示未來，因為克里斯・哥倫布(Chris Columbus)導演在《小鬼當家》中選用麥考利，而正是克里斯讓我在《哈利波特》電影中飾演跩哥・馬份。

第一支廣告我拿到了兩百英鎊的酬勞，但我年紀太小，對這筆錢代表的意義沒有什麼概念。別忘了，我在多琴的後車廂二手市集能花二十便士就很開心了，而且他們讓我留著那件閃亮的紅色蓬蓬外套，這讓我更是興奮。我好愛那件蓬蓬外套。不過這次經驗本身也讓我非常興奮，讓我想把一切都告訴大家。我那時會去萊瑟黑德休閒中心(Leatherhead Leisure Centre）一個叫做瘋小孩（Crazy Tots）的兒童俱樂部，而我迫不及待想和那邊的朋友們分享我的冒險經歷。我沒有想和他們說金門大橋（Golden Gate Bridge）、凱薩宮（Caesars Palace），或是時報廣場。我想要告訴他們的是那些重要的事：客房服務、卡通頻道以及，沒錯，紅色蓬蓬外套。然而很快地，我發現一個殘酷的事實。

真的。

沒人。

在乎。

我想，我試著描述的世界與休閒中心的瘋小孩俱樂部實在相差太遠，我的朋友無法理解我在說什麼。我很快就學會閉上我的嘴。

我繼續試鏡。成年人的試鏡有時相當殘酷，相信我，我也有這樣的經驗。糟糕的經驗並不是你走進試鏡室，放屁放不停的時候（沒錯，有發生過）。糟糕的經驗是你發現從你進來的那一刻起，決定選角的那個人就沒有正眼看過你。糟糕的經驗是試鏡途中有一段舞蹈，你知道你跳不來，而他們也知道你跳不來，然後所有人都會覺得很尷尬。不過，當我還是個孩子，我很能以平常心面對試鏡，連糟糕的經驗也沒問題。我記得有一次特別尷尬的演員召募，是義大利麵廣告的試鏡，我要假裝自己是義大利小孩，吃著義大利麵，大喊「媽媽咪呀」，然後唱首小曲。我那時根本不喜歡吃義大利麵，我相信我看起來一定像一盤義呆利麵。但這並沒有讓我失去興趣。媽媽成功讓我們每次的倫敦試

7 譯注：以《小鬼當家》（*Home Alone*）系列享譽全球的知名童星。

鏡之旅成為一種享受。我完成試鏡，然後我們就會去攝政街（Regent Street）的漢姆利玩具店（Hamleys），我可以在地下一樓玩遊戲機台，媽媽就去喝杯茶。當然，我們都知道如果我試鏡成功，會發生什麼事：又一次超酷目的地的旅行，又一次狂看卡通、叫客房服務的機會，最後還能拿到兩百英鎊的支票？想都不用想！我要！

一直以來，都是那些奇怪的試鏡讓我拿到角色。我的下一份工作也不例外：巴克萊信用卡（Barclaycard）的廣告。我對這份工作的期望特別高，因為當時巴克萊卡的代言人是我最喜愛的演員：我小時候最常看，超愛的羅溫・艾金森（Rowan Atkinson）。我們一家人度過最快樂的時光是全家坐在電視前面，觀賞《豆豆先生》（*Mr Bean*）。爸爸會笑到不行。媽媽會非常努力不笑出來，但通常都會失敗。而我們四個兒子真的會笑到淚流滿面。所以有機會見到我的偶像——甚至能和他同框演出——真的是令人興奮到難以置信。

這次試鏡是兩兩一組進行，和我同一組的是一個小女生，我們要一起面對三四位選角決策人員。這個女生有一頭茂密的頭髮，穿著非常鮮豔的洋裝。「我們沒有劇本，」他們跟我們說。「我們下指令之後，請你們兩位假裝聽到門鈴響了，假裝打開門，看到豆豆先生站在門口。辦得到嗎？」

我點頭。這時我已經試鏡過很多次了，所以我不太緊張。不過那個女生看起來有點古怪。她轉身向選角人員說：「我們可以暈倒嗎？」

大家停頓了一下。選角人員互相確認過眼神。我心想：哇，她真的要拚了。也許我也該使出看家本領。

「我想，我們還是希望妳不要暈倒，」其中一位選角人員這麼說。

女生看起來有點沮喪，但她點了頭，這場戲就開始了。我們兩個都比手畫腳假裝開了門，然後我還來不及反應，這個古怪女生就突然扯破喉嚨，莫名其妙地尖叫：「我的老天鵝啊！」然後她就像一棵樹，應聲倒地。

一片寂靜。選角人員刻意避免彼此的眼神接觸，他們顯然是不能笑的。我完全忘了我應該要對豆豆先生做反應，我只是驚訝地盯著那個女生。我覺得，應該就是那個反應讓我拿到了角色，而我從這次經驗學到：不要帶著太多的計畫去參加試鏡。試鏡要看的並不是你能不能背台詞，或是能不能瞬間演哭戲。試鏡要看的是下一步，而不是當下。只要對周遭的事物作出反應就好了。那個女生應該是在走進試鏡室之前，早就決定要倒地了，這對她沒有好處。

可惜的是，羅溫．艾金森在拍攝開始前就退出了巴克萊卡的宣傳活動，所以我沒有機會和他一起演戲。我們在法國各地拍攝廣告，我和媽媽享受了愉快的旅行，但老實說，如果能和豆豆先生一起工作，一定會更好玩。不過呢，我有去滑雪。應該算吧？有個場景是我踩著滑雪板，站在練習坡地的上頭。那是我第一次到山上，也是第一次看到那麼多的雪。我很想滑雪看看，但有人明確地告訴我，我一步也不准動。他們最不想看到的就是小演員的腿骨折住院，保險公司不會支付的。我乖乖照做，但再過幾年，當我要遵守電影拍攝現場的規則時，我就不那麼聽話了……

04

魔法存在於過程中

The Magic in the Making

金髮龐德與千鈞紅卷毛

James Blond and
the Ginger Whisker

我在銀幕上的第一位敵人叫做波特，但不是哈利波特。這位波特是經典童書改編電影《寄居小奇兵》（*The Borrowers*）的邪惡律師歐西厄斯·P·波特（Ocious P. Potter）。這個故事圍繞著拇指大小的一家人，他們和體型正常的「人累」（human beans）共同生活，但是不能被發現。這家人之中，年紀最小的是一個叫做皮葛林（Peagreen）的厚臉皮小伙子，需要一個厚臉皮的小演員來飾演。九歲的湯姆登場。我可說是個淘氣的傢伙。如果老師的椅子上出現整人放屁墊，或是老師被鎖在自己的教室外面，那我很有可能有湊一腳。當時我還夠小，能讓大家覺得惡作劇很可愛，讓人很快消氣——這種日子不長了——所以這也代表，我很適合演皮葛林。

我對這個角色的試鏡只剩模糊的記憶，不過我還記得和已經被選為姐姐愛綠蒂（Arrietty）的芙蘿拉·紐碧姬（Flora Newbigin）一起讀本，要確認我們的互動與默契。我更記得的是要參加排練與拍攝，而可以不用上學的那股喜悅。和我之前拍的廣告相比，這完全是不同等級的活動。拍廣告的時候，有人會告訴我要站哪裡、看哪裡，我要做的很少。《寄居小奇兵》是一份真正的演戲工作。我不僅要扮演一個真正的角色，還要做特技，因此在前期製作期間，我媽媽每周一、三、五的下午一點都會來學校接我。我們的司機叫做吉姆（Jim），我們第一站總是會去當地的炸魚薯條店。我會點一份特大的香腸薯條，去特技訓練的路上，我就在車上吃，媽媽則是一路上拚命向吉姆道歉，因為我的午餐把他的車子弄得很臭。

訓練在下午進行，場地是訓練奧運選手的一個大體育館。那時候我很瘋「007」詹姆士．龐德（James Bond），所以當我發現特技訓練沒有要拿著瓦爾特PPK手槍（Walther PPK），從行進中的汽車一躍而下時，我有一點點失望。不過，還是很好玩。與代數課相比，這簡直是夢想成真。我們學會基本的體操動作，學會用雙腿而不是雙手攀爬繩索，學會如何從高處墜落而不會把腳踝震裂，學會搖體操圈、在墊子上跳躍、在平衡木上保持平衡。相對來說，我的運動細胞還不錯——當不上足球隊隊長，但拿著板球球棒，表現也夠好了——所以特技訓練並不是太困難的體能挑戰。然而，我皮葛林式的厚臉皮卻帶來了問題。有一天下午，我在平衡木上走著，覺得如果我從平衡木跳下來，雙腳在兩側著地，那應該是很酷的一個動作吧。從我站著的地方看下去，高度看起來沒問題，我不想浪費這個機會，在沒人看的時候秀一波。於是我大喊，請大家停下手邊的工作來看我。大家都轉過頭來看。我擺出了我最棒的比利．艾略特（Billy Elliot）舞姿[8]，跳到空中，張開雙腿，準備成功著陸……

8譯注：比利．艾略特（Billy Elliot）是二〇〇〇年上映的英國電影《舞動人生》主角，講述十二歲的礦工之子希望成為芭蕾舞蹈家的故事。電影與改編音樂劇都大獲成功。

各位應該猜得到故事的走向了吧？這麼說吧，我的腳趾沒有著地，而是一個更脆弱的身體部位先打斷了我這一跳。撞擊的瞬間，痛苦和尷尬並存。光是回想起來，我就要泛淚了。我相信我當時也泛淚了，但我記得我很努力保持冷靜，在體育館內一片駭人的寂靜中，我笨拙地下了平衡木，假裝我的特技是完全依照計畫進行，然後跑開，獨自痛苦彎腰，照顧我受傷的自尊以及我受傷的……嗯，自己想像就好。

造型組把我變成皮葛林之後，我的自尊再度受到打擊。我的童年演戲生涯可以用怪髮型來計量。早在踱哥的一頭漂髮成為我人生的永久特點之前，我就已經頂著皮葛林一頭荒謬又濃密的橘紅卷髮——就像小丑西斯（Krusty the Clown）[9]，但是換成紅頭髮。如果你覺得這樣就不好看了，你還沒聽到一半呢。我的假髮只有從我的髮際線前面延伸到頭頂，也就是說，我整個後腦勺是露出來的。唯一的解決方法就是把後面的頭髮染成橘紅，然後燙卷。最後的結果是橘紅小卷髮的鯔魚頭。

親愛的讀者，請克制一下。

我那時很熱衷於踢足球。我在《寄居小奇兵》的更衣室放了一個史蒂夫．麥克馬納曼（Steve McManaman）[10]的等身人形立牌，而我也像每個有尊嚴的九歲男孩一樣，會蒐集足球員貼紙。我內心的渴望是能從我當地的足球俱樂部的B隊轉到A隊，但是因為拍戲，我很多練習無法參加。我能出席的時候，我都會加倍努力，讓大家看看我是配得上球隊的。然而，當你在金色直髮的後面留著橘紅卷髮鯔魚頭，很難在足球場上看起來厲害。就連我們的教練都笑我。「各位同學，千鈞一髮緊要關頭，我們差一點就贏了，」在我們以些微差距輸了一場比賽之後，教練對大家說道。「不過對湯姆來說，應該是千鈞紅卷毛。」所有人大爆笑，包括教練自己。我知道笑點在哪，窘迫地微笑了一下，但可惜的是，我沒能晉升到A隊。

我小時候並沒有真的感受到，在電影片廠度過的時光有什麼不尋常之處。不止一次，當媽媽催我上車去片廠，我得求她讓我把球賽踢完。話雖如此，能夠拍攝《寄居小奇兵》來度過童年的一段時光，的確是滿酷的。我很愛在我的服裝保管室著裝——讓九歲的小孩穿上超大襪子和迴紋針，兩個頂針當作鞋子，基本上就是究極扮裝派對了。比我的雪人三號服裝好太多了。不過，我更喜歡的是布景。這部電影有一部分是用綠幕視覺特效作業，但當年特效技術還不成熟，所以為了讓寄居小奇兵看起來奇小無比，場景的一切都要被放大到荒謬的規模。我每天都被安全吊帶綁起來，在牆壁的裡側奔跑，巨

9 譯注：《辛普森家庭》的綠髮小丑，此處從中文改編配音版翻譯。

10 譯注：史蒂夫．麥克馬納曼（Steve McManaman），活躍於九〇年代的前英格蘭職業足球員，司職中場。

大的鐵鎚朝我砸來。這就像是在我專屬的電動遊戲之中。有一場戲是我被困在牛奶瓶中，瓶子的高度和公車一樣長，他們在裡面灌滿濃稠、惡臭的白色液體來模擬牛奶。那個特技的規模很大，我們拍了好幾天。還有一次，我要在三十呎（九公尺）的高空抓著一根竿子，然後落到巨大的防撞墊上。現在如果要我做那樣的特技，還沒開始我就會被嚇得一塌糊塗了。但從前，我堅持要做好幾次——只是為了確保我的演出達到高水準，你懂的。小孩子還能有更多的樂趣嗎？我不知道怎樣才能更有趣了。

不過，比起在我專屬的超級瑪利歐（Super Mario）世界拍電影，還有一件更讓我興奮的事，那就是我們在謝珀頓片廠（Shepperton Studios）拍片。同時在這個片廠拍攝的電影，正是《007：明日帝國》（*Tomorrow Never Dies*）。這對我來說可是一樁大事。我把我更衣室門上的名字從「皮葛林」改成「下一位007」，我也很興奮和我一起拍攝《寄居小奇兵》的一些特技人員有拍過《黃金眼》（*GoldenEye*）。謝珀頓片廠由很多巨大的空倉庫組成，裡頭能搭出拍攝所需的任何布景。從A棚到B棚，要搭乘電動高爾夫球車。這真的很有趣，因為隨便一天，你都可能搭車看到化了全妝的海盜正在吃三明治，或是外星人正在偷偷抽菸。這對我來說特別刺激，因為經常會有幾個詹姆士．龐德在片廠周圍打轉。那些人是特技替身和燈光替身，穿著筆挺的西裝，戴著深色的假髮，從背後看就是００７本人，這對我來說已經足夠了。但是有那麼一次，我坐在高爾夫球車的後座穿越片廠，我看人家看了兩眼。我們剛經過的００７不是替身，而是貨真價實的皮爾斯．布洛斯南（Pierce Brosnan）本人。我們沒有交談，我想我們甚至連眼神都沒有交會，但那仍然是我這輩子到目前為止最激動的時刻之一。雖然我的朋友對於我在片廠的生活並不是很感興趣，我和００７擦肩而過仍然是個很酷的故事。

當然，《寄居小奇兵》也有重量級的演員，但我當時年紀太小，還沒意識到這一點。約翰．古德曼（John Goodman）[11] 是一位很有聲望的演員，他的存在感充滿威嚴。我記得有一天，我拿著一把超威水槍（Super Soaker）在梳化間跑來跑去，嘻笑玩耍惹麻煩。我像００７一樣衝進其中一間房間，而約翰正在那裡安靜地給人化妝。透過鏡子，他只用一個嚴厲的眼神就讓我閉嘴了。那個眼神彷彿在說：小朋友，不要在這裡胡鬧。那就足以讓我一聲不吭地衝出房間了。我媽媽見到我在片中的母親希莉亞．伊姆麗（Celia Imrie）[12] 時特別激動，媽媽很喜歡她和維多利亞．伍德（Victoria Wood）[13] 的作品，因此非常崇拜她。媽媽的興奮之情感染了我，不過我當時真的不知道她是誰。我只知道，她

11 譯注：約翰．古德曼（John Goodman），美國知名喜劇演員，活躍於百老匯、電影、電視劇，曾以電視影集《我愛羅珊》（*Roseanne*）拿下金球獎視帝。

在現場發揮很大的作用，創造了一種輕鬆的氣氛，讓我們這些小朋友不會覺得有壓力。如果你在拍攝現場對小孩大吼大叫，他們短時間內大概都會畏畏縮縮。希莉亞有趣、慈母般的性格確保這種情況不會發生。

雖然我當時並不知道，不過這是我第一次接觸我的《哈利波特》家庭。飾演我爸爸的吉姆．布洛班特（Jim Broadbent）後來會飾演笨拙的史拉轟教授（Professor Slughorn）。吉姆徹頭徹尾都是個可愛的人：他很有幽默感，說話輕柔但對搞笑的聲音很在行，而且他總是很支持我們這些孩子。我也見到了馬克．威廉斯（Mark Williams），他後來會飾演亞瑟．衛斯理（Arthur Weasley）。他很活潑俏皮——幾乎有點孩子氣——雖然我們沒有一起拍攝的場景，但在他身邊很好玩。我很肯定，他絕對不會反對我拿超威水槍衝進房間，他甚至有可能會加入我的行列。多虧了希莉亞、吉姆與馬克輕鬆友善的存在，我從未想過要把任何事看得太認真。

有一句話說，覺得有趣的時候，就是學得最好的時候。幾乎在不知不覺中，我就開始這麼做中學了。我想，由於身邊都是有一定成就的演員，我開始吸收表演藝術相關的知識也是必然的。毫無疑問地，和先前拍的廣告比起來，《寄居小奇兵》對我的要求更高。不過我真正記得有學到的是電影拍攝現場運作的實務技術細節。這些都是很基本的東西，但對我未來的職涯很有幫助。我學會從攝影機操作員的角度看鏡頭，所以如果叫我看向鏡頭左邊，我就會看向我的右邊。我學會注意地板上的小小粉筆標記，知道我能夠走到哪裡，而不會迫使跟焦員要改變對焦距離。更重要的是，我學會一聽到「開機（roll cameras）」以及膠卷軸加速轉動的喀嚓聲，現場的每個人都要全神貫注。當年我們是用三十五毫米膠片拍攝的，所以每一分鐘的拍攝都要花費數千英鎊。

我並不是專業與自我約束的典範。老師叫學生要安靜的時候，可能會點燃某些孩子調皮的火花，而我應該比別人更多一些這種火花。我很容易在攝影機開始錄影的前一刻大笑起來：每個人大喊「安靜！」就夠讓我發笑了。一般來說，大人對此都很淡定。然而，有一次我確實被非常委婉地罵了一場。導演彼得．海威特（Peter Hewitt）——他是一個令人愉快又有耐心的人——走到我面前。直到今天，我還記得他臉上的表情：承受巨大壓力的痛苦，隨著時間流逝、膠片逐漸耗盡，還得想辦法哄騙一個咯咯笑的九歲小孩，叫他不要再笑了，趕快進入拍片模式。想像一下。

12 譯注：希莉亞．伊姆麗（Celia Imrie），英國演員兼作家，許多知名的得獎電影、影集、舞台劇都有她的身影，如《ＢＪ單身日記》等，因參演百老匯戲劇《*The Sea*》而獲一九九二年克拉溫斯德溫特獎最佳女配角肯定。

13 譯注：維多利亞．伍德（Victoria Wood），英國知名喜劇演員、編劇、導演、製作人、音樂人，十四次獲得英國電影學院提名，四次獲獎，ＩＴＶ評選五十位最偉大的電視明星中，伍德位列第十。

內景｜謝珀頓片廠｜日

彼得：湯姆，請你不要笑了。

△湯姆緊閉著雙唇。他點頭，然後又開始笑。

彼得：（語帶絕望）不，湯姆，我說真的。不要笑了。

△湯姆皺眉。他的表情告訴我們，他察覺到導演是認真的了。於是他點頭，看起來很嚴肅。然後又開始笑。

△彼得閉上眼睛，深吸一口氣，張開眼睛。他再次開口時，表情就像深受挫折的人正在盡全力保持冷靜。

彼得：湯姆，拜託，我不是在開玩笑。你**必須**要停下來了。

△然後他給湯姆一絲微笑，彷彿在說：我們說定了嗎？

我們說定了。我感覺得出來，他是用最友善的方式在斥責我。攝影機開始錄影，我設法冷靜下來了。

不過，如果現場全部都是大人，樂趣可能剩下不到一半。我記得我受到芙蘿拉很大的影響。芙蘿拉比我大幾歲，但她很好玩，和她一起很開心。這是她第一次參與大型電影，但她很熟悉拍攝現場的一切，牽著我的手引導我。她確保我都有站在自己的標記上，而我那糟糕的假髮沒有歪掉。多虧了她，我在《寄居小奇兵》拍攝期間度過了美好的時光。美好到拍攝結束的時候，我哭了。

我們剛殺青了。時間是晚上六點，這是我最後一次坐在梳化椅上，讓造型師阿姨把我的橘色卷髮剪掉。突然間，我被一股我無法理解的混亂情緒洪流淹沒。淚水在眼框裡打轉，但說實話，未來的007必須要是硬漢，要能控制他的情緒。於是，我想到一個絕妙的計畫。我栽贓給可憐的造型師阿姨，假裝她的剪刀刺到我，我哀嚎：「噢！妳刺到我了！」

哎呀，這個絕妙計畫比較像是跟班鮑德里克（Baldrick）想出來的蠢主意，而不是黑爵士的。造型師並沒有刺到我。她甚至都還沒靠近我，而她也這樣跟我說了。但在接下來的一小時中，我還是用假想的傷口作為藉口，眼淚一直流個不停。

當下我還不懂，但我的眼淚其實是在教我重要的一課。觀眾能從頭看一部電影，想看幾次就看幾次，電影不會消失。但對於演員和劇組人員來說，我們與電影的關係更為複雜。魔法存在於過程中，而這個過程是存在於過去的一段時光。你可以反思這一段時光，你可以為它感到驕傲，但是沒有辦法再來一次。如果將拍攝《寄居小奇兵》比喻成遊玩我專屬的超級瑪利歐遊戲，拍攝結束就像是抵達中間旗。我可以回顧過去，但我知道我再也無法重新過一次這段人生。接下來的幾年之中，這種感受會在每次殺青的時候重新浮現。幾個月來，你都是一個巡迴馬戲團的成員。你們是一個緊密相連的共同體，一起走過十幾個城市，一起用餐，一起演戲，一起搞砸再一起解決問題。你們離開家、離開家人，在遙遠的旅館相聚一堂，雖然不是永遠都能歡笑玩樂，你們還是形成了某種親密的羈絆。然後，突然就結束了。形同代理家庭的這個共同體消散到世界各地，沒了。我們幾乎每次都說同樣的話：要保持聯絡喔、下周再約喔、再一起重溫舊夢吧。當然，我們都是真心的。這些承諾偶爾也真的會實現。不過每個人內心深處都知道，我們已經抵達那面中間旗了。無論拍這部片經歷了什麼，是好還是壞，那些獨一無二、專屬於我們的時刻已經過去了，再也無法挽回。在接下來的日子裡，我發現這並不會變容易，尤其是像《哈利波特》那樣的大型製作。

九歲的湯姆只能在這些情緒的邊緣笨拙地摸索。九歲的湯姆對時間的流逝一無所知。他有興趣的是重返足球場或鯉魚湖，而不是深入分析自己的感受。但當他坐在梳化椅上，紅色鯔魚頭慢慢被剪掉，也許他第一次感受到失去寶貴事物的心情。

同樣的事情將來還會發生，因為每次工作結束時，三十幾歲的湯姆仍然會嚎啕大哭。

05

哥哥們都吐了

My Brothers Are
Already Sick of It

首映會大噴射

Projectiles at the Premiere

你永遠不會忘記你的第一次。多虧我的哥哥們，我絕對會記得。

《寄居小奇兵》在萊斯特廣場歐典電影院（Odeon Leicester Square）舉辦首映會，但那並不是我第一次看這部電影。我第一次看是在硬石餐廳（Hard Rock Café）的放映室，製作高層招待我和一些同學。那是一個快樂的回憶，我覺得我同學都很開心，但可能是因為有免費的迷你漢堡和可樂。首映會本身是個整體更加精美的活動。和以後的事情相比，這真的不算什麼，但仍然是一件大事。我們家從來沒有人參加過電影首映會，所以我們不知道這是怎樣的一回事，爸爸媽媽也沒辦法幫我做準備。電影院外頭有很多人，而且這次他們不是為麥考利．克金歡呼，而是為我和其他演員歡呼。不過，我應該沒有因為這件事而感到自滿。我說過了嗎？有三個哥哥能讓人安分守己。

我們搭著莫里斯小轎車（Morris Minor）車隊到場——那是電影中使用的經典車款——我一身時髦的白西裝、白襯衫和黑領帶，走下了車（正如我所說，我很早就看上了００７一角）。場面有點嚇人，所以我緊跟著芙蘿拉，她讓我感到安心。她比我承擔更多的電影重任。她是蝙蝠俠（Batman），我就是羅賓（Robin）。她是哈利，我就是榮恩（我一頭紅髮真的幾乎是榮恩了）。芙蘿拉很有自信，口齒伶俐，非常擅於面對攝影機與採訪應答。我緊跟在後，學著她的好口才。

我在外面走紅毯的時候，我的家人先進去電影院了。他們在電影院裡面看到很多衣著光鮮的美麗姐姐，托著一盤盤的免費香檳。怎麼知道是免費的呢？他們每個人都各自去問了美麗姐姐，確認過價格。如同每個自尊自重的十六歲孩子都會做的，我的大哥金克充分利用了免費酒水。從我們到場之後，還要消磨一小時，電影才會開演，因此他有很多時間能喝。他偷偷摸摸地乾了幾杯，開演時間一到，他就搖搖晃晃地走進影廳。然而，片頭名單都還沒開始跑，金克就突然感到一股迫切需求，必須離場。他站了起來，跌跌撞撞地經過同一排幾位不滿的觀眾，然後就消失無蹤。

五分鐘過去了，金克不見人影。我爸爸嘀咕了幾句髒話，就去找他那任性的大兒子了。可想而知，金克關在廁所隔間裡，跪在地上，對著陶瓷馬桶頂禮膜拜，因為免費的香檳又跑出來了。我爸爸站在隔間外面，西裝革履，等金克大吐特吐。更精采的是什麼？一名觀眾走進來，看到我爸爸西裝筆挺，以為他是廁所服務人員，給了他一英鎊的小費。總之，這天晚上的發展和爸爸當初的預期完全不同（不過他還是收下了一英鎊）。

於是金克錯過了電影，我爸爸也錯過了電影，而晚上的慶祝活動還沒結束呢。接下來是一場盛大的會後派對。派對在一個大倉庫裡舉辦，擺放著電影中的超大道具，有音樂、遊戲、甜點，以及——你猜對了——更多的免費香檳。這次輪到艾許——十三歲，追隨他哥哥的腳步——品嘗法國鄉村的葡萄風味。幾杯下肚之後，他想到一個好主意，他決定和克里斯一起在超大的充氣城堡上跳幾下。那並不是個好主意。充氣城堡上面的其他小孩，年紀和體型都是他們的一半。克里斯不小心用膝蓋撞到一個九歲小孩的後腦勺。艾許不甘落後於哥哥，他蹦跳了幾下，然後以極其壯觀的方式朝城堡的角落噴射嘔吐物。他從城堡上爬下來，打了一個響嗝，然後說：「我現在舒服多了！」

總的來說，那天晚上費爾頓四兄弟的表現，我認為頂多可以說是有好有壞。不過我沒有因此生氣，我只是享受著那個夜晚。畢竟，我對成為演員或甚至電影明星並沒有懷抱什麼很大的希望。我已經有過輝煌時刻了，這場電影首映會是我的第一次，很有可能也是最後一次。不是嗎？

06

安娜與國王

Anna and the King

克麗絲與漢尼拔

Clarice and Hannibal

我不騙各位。雖然我一直不認為我有什麼特別的表演天賦——我也不覺得我實現了戲劇社的安的預言——但我的確對《寄居小奇兵》感到滿意。我認為我在片中的表現還不錯，在大銀幕上看自己演戲很有趣。或許那是我很傲慢，又或許那意味著，我還沒有被大人的自我覺察和自我批評所拘束。

我很愛去劇院。我當然是去看劇的，不過我也會去體驗觀眾對於藝術作品的反應。我見過最感動的反應之一是在音樂劇《瑪蒂達》（*Matilda*）中，我的座位附近有一個不到五歲的小男孩和媽媽一起看戲，他目不轉睛地看著舞台。我想，他幾乎是聽不懂故事，很多笑點他應該都聽不懂，他只是單純地沉迷在這個體驗之中。對我來說，這個畫面非常催淚。如果問他喜不喜歡這齣劇，那就沒有意義了。他還太小，不可能當劇評，而這讓我想起了我屈服於大人的批評與自我意識之前的那段日子。

現在，每當有人問我關於演戲的問題，我的建議總是一樣的：要有玩心，甚至像個孩子一樣。把你自己從大人單調乏味的分析之中分離出來，忘記什麼是好、什麼是壞。這段咒語讓我獲益良多。我經常試著讓自己要更像《寄居小奇兵》的小湯姆，或是觀賞《瑪蒂達》的小男孩，擺脫自覺的枷鎖。

我為下一部大片試鏡的時候，那種自由一部分仍然伴隨著我。就規模和聲量而言，

《安娜與國王》（*Anna and the King*）比《寄居小奇兵》更上一層樓。好萊塢巨星茱蒂・佛斯特（Jodie Foster）被選為主角，拍攝將在馬來西亞進行，為期四個月。選角過程比我之前遇過的都還要嚴格。我在倫敦參加了兩三次試鏡，然後當我晉級到最後二選一時，我飛到洛杉磯進行最終試鏡。

大人的後見之明告訴我，這是一個很特殊的時刻。但當然，我還只是個孩子，沒有感覺這是一件非常不尋常的事。他們讓我和媽媽飛到洛杉磯，入住一間超大的飯店。讓我興奮不已的是，飯店不只有室內游泳池，甚至還有按摩浴缸。哪個小孩不喜歡按摩浴缸？哪個小孩不會搞笑地假裝它是一個超大的放屁鍋？難道只有我會這樣嗎？我對於再度接觸客房服務和卡通頻道的興趣，遠遠大過我對試鏡本身的興趣。我記得另一個角逐這個角色的男生，他媽媽比我媽媽更親力親為許多。他媽媽會陪他一起讀台詞，幾乎是指導他了。我媽媽從來沒有做這種事。她從來沒有試圖培訓我，從來沒有叫我要說什麼話，總是鼓勵我相信自己的直覺。在許多方面，我完全沒有準備，但我認為，正是這樣的態度讓我拿到這個角色。還記得「我的老天鵝啊」那個女生嗎？又一次，我和她完全相反。我走進那場好萊塢試鏡，沒有任何焦慮或成見。我只是普通的湯姆，而我認為這正是他們要的。他們想確認的是，面對十二個看著我，緊握筆記本、互相耳語的人，我還高興得起來。因為如果我現在覺得不滿意，我在拍攝現場也不會好過。他們想確認的是，我有可塑性，能被指導。他們想確認的是，我可以用多種方式唸同一句台詞。最重要的是，我認為他們想確認的是我夠輕鬆自在。我很想結束試鏡，回到飯店的搞笑放屁鍋，我想這或許有幫助我的表現。

我和媽媽回到薩里郡，我對這部電影沒有再多想。我還是對晉升足球A隊更有興趣。現在我的髮型比較簡潔了，也許我晉升的機會也提升了。不過，幾周後，媽媽來學校接我，我們走回車上的路上，她說有消息要告訴我：「你拿到那個角色了！」

一股興奮之情襲來。「真的嗎？」

「真的。」

一股饑餓感襲來。「媽媽，妳有幫我帶起司脆條嗎？」

我那時候超愛起司脆條。現在也很愛，比拍片還愛。

已經決定了：媽媽和我要去馬來西亞四個月。我幾乎沒聽過馬來西亞，而我的家人甚至沒有人去過亞洲。我們不知道會發生什麼事，但我們都非常興奮。媽媽把工作辭了，我們就出發了。

如果我媽媽沒有跟著，我這四個月一定會很寂寞。這是我第一次離開和朋友一起上學的日常生活，我很想念那一切。那年頭還沒有社群媒體，我當然也還沒有手機。在這四個月期間，我和我的朋友們通話，每人頂多一兩次。我爸爸和哥哥們只有來過一次，他們待了一周。我是現場唯一的西方小孩，這讓我有點不知所措，但我很快就和當地人交上朋友了。

我還第一次體驗了一對一上課，在一個寒冷、通風，只有一扇小窗戶的活動房屋裡，每天上課三到六小時。我的老師珍娜（Janet）人很好又聰明，但我還是很懷念教室的熱鬧氣氛，朋友就在我身邊，當然還有調皮搗蛋的機會。在一個人的班級裡，我很難成為班上的開心果。在拍攝現場上課將會成為我童年生活的一大特點，但我恐怕從未愛上它。我那時沉迷的是溜直排輪。沒在拍戲或上課的時候，我會煩我媽媽，讓她幫我拍照。我會穿著直排輪，假裝做桿上滑行和其他花招，照片就可以寄給我的朋友，讓他們看看我在這邊的生活有多酷。不過我應該沒有騙到任何人。

我在馬來西亞有時可能有點寂寞，但我確實認識了各式各樣的人，這種文化的拓展對我以後的生活有多大幫助，真的說也說不完。我媽媽非常努力想讓我的體驗更輕鬆一些。這部片的預算規模龐大，餐飲是完全不同的等級。他們會在大帳篷底下擺出令人難以置信的五星級菜餚，香煎這個、松露佐那個，我都不想碰。從以前到現在，我的口味都很簡單，胃口也不大。比起現場提供的高級餐點，我更喜歡巧克力棒和洋芋片。為了讓我吃些點心以外的東西，媽媽會冒險開車去幫我買我最愛的肯德基雞塊。她不太喜歡在薩里郡的清幽小徑開車，吉隆坡市中心的繁忙公路更不用說了，但她還是勇敢地上路了。多虧了媽媽，我才躲過一場嚴重的食物中毒，其他演員和劇組人員整整一周無法工作，所以別跟我說吃雞塊不健康。

像其他孩子一樣，我也有狀態不好的日子，因為想家和孤獨讓我受不了。我記得有幾天早上，我大哭說我不想幹了。我記得有一套穿脫都要一個小時的六件式亞麻布服裝，讓我穿得大汗淋漓。我記得我含淚乞求讓我回家。但到了下午，我就會冷靜下來，然後一切都會恢復正常。

當然，還有茱蒂．佛斯特。

多年來，哥哥們一直想要讓我看《沉默的羔羊》（*Silence of the Lambs*），不過我媽媽都理所當然地阻止了，不給他們任何想要把我嚇破膽的機會〔雖然他們還是成功偷偷讓我看了《魔鬼終結者2》（*Terminator 2*）〕。所以，我不是很清楚茱蒂到底多有名。當然，有人跟我說茱蒂是個大人物，所以假如我把她想像成約翰．古德曼那樣，而不是馬克．威廉斯那樣，也是情有可原。假如我真的那樣想，那我就錯了。茱蒂．佛斯特人好得不能再好了。我逐漸學到，在拍攝現場，一切都是由上面影響下面。如果排在通告單最前面的演員很難相處，整場拍攝就會變得困難。茱蒂．佛斯特——以及和她聯合主演的周潤發——展現出善良、禮貌、耐心，以及最重要的，對於整個過程的熱忱。甚至當我用力踢到茱蒂的臉，她也還是能保持冷靜。

我們當時正在拍攝，茱蒂飾演我的母親，被暹羅國王延請入宮，負責為國王的嬪妃和子女提供西方教育。我的角色路易（Louis）和另一個孩子起了衝突，我被按在地上，茱蒂不得不來把我們拉開。我胡亂使出倒掛金鉤，一腳直接撞到茱蒂的嘴上。那可不是擦到邊邊的一踢，而是真的重重一擊。我相信如果換成其他演員，很多人被踢到一定會生氣，但茱蒂沒有生氣。她對整個事件的態度非常好，甚至到了殺青派對播放NG片段的時候，撞擊的瞬間被重播好幾次，她也沒有生氣。

讓我們將時間快轉幾年。我二十多歲，收到了一份試鏡邀請。這部電影是《驚悚大師：希區考克》（*Hitchcock*），內容是關於拍攝電影《驚魂記》（*Psycho*）期間所發生的故事，由安東尼・霍普金斯爵士（Sir Anthony Hopkins）主演。既然我小時候和茱蒂・佛斯特拍過電影，那如果拿個大滿貫，和《沉默的羔羊》雙主角都合作，這樣應該挺酷的對吧？

嗯，或許不酷。試鏡邀請是早上來的，我當天下午就被叫去了。我幾乎沒有時間看劇本，更不用說研讀了。我試鏡的是演出諾曼・貝茲（Norman Bates）一角的安東尼・柏金斯（Anthony Perkins）。我沒有看過《驚魂記》，所以我看了他的一些片段，並且很快就發現我完全不適合這個角色。安東尼・柏金斯身高幾乎有六呎二吋（一八八公分），我沒有。他的頭髮和眼睛都是深棕色，我不是。他散發出一種精神病態的氣息，我……好吧，交給各位判斷。

這是我少數幾次在建築物外面停好的車上打電話給我的經紀人，我說：「我真的一定要參加這個試鏡嗎？我覺得我真的不適合。或許以後還有更合適的機會能和安東尼・霍普金斯合作。」經紀人也同意，但還是說服我要出席，至少要向導演和製片露個臉。

所以我出席了，我在試鏡室外面坐著等。門開了，前一位試鏡的美國演員安娜・法瑞絲（Anna Faris）[14]走了出來。她指著房間，用誇張的舞台低語說：「他在裡面！」

誰在裡面？我還沒來得及問，她就走了。

我走進試鏡室。不出所料，我看到導演，以及一排穿著體面的製片。出我所料的是，我也看到了安東尼・霍普金斯爵士本人，穿著休閒，坐在那裡，準備要和我一起讀本。這時我已經看過《沉默的羔羊》好幾遍了，然後現在要和漢尼拔・萊克特（Hannibal Lecter）一起讀戲，我真是措手不及。

我的胃翻江倒海。我嚇壞了，我清楚知道我不了解劇本、不了解角色，對那部電影一無所知，我甚至認為我根本不該出席。但我已經來了，於是我們握了手，我在他對面坐下來。

我們開始了。安東尼爵士讀了第一句台詞。我用非常沒有說服力的美國口音讀了我的台詞。他盯著我，眨眨眼，露出微笑。他把他的劇本放在一旁，說：「這樣吧，我們把劇本忘了。讓我們以角色的身份對談，讓我們看看你是否真的了解這個角色。」

了解這個角色？我才剛知道他的名字，我對他一無所知。我完全無法勝任。

我發出短促的尖聲：「好。」

安東尼爵士用強烈的眼神盯著我，「那麼，告訴我，」他說。「你的角色對……謀殺有什麼感覺？」

14譯注：安娜・法瑞絲（Anna Faris），美國歌手及女演員，代表作品有《驚聲尖笑》系列及《愛情，不用翻譯》。

我也盯著他，試圖要追上他那股漢尼拔．萊克特的魄力。我回答說……我真希望我記得我說了什麼。我的回答實在太荒誕，太充滿創傷與尷尬，我的大腦已經把它從我的記憶中封印了。他又問我更多的問題，每一題都更加奇特。你的角色對這個有什麼感覺？你的角色對那個有什麼感覺？我的回答從令人尷尬變成徹底的怪異。最後，他說：「你的角色對……小孩子有什麼感覺？」

「小孩子？」

「小孩子。」

「呃……」我說。

「如何？」安東尼爵士說。

「嗯……」我說。

「他喜歡什麼？」安東尼爵士說。

「他喜歡……他喜歡……小孩子的血，」我說。

一片震驚的寂靜。我看著他，他也看著我。製片看著彼此。我恨不得爬到房間角落，尷尬而死。

安東尼爵士點點頭。他清了清嗓子，帶著極淺的微笑禮貌地說道：「謝謝你來。」

他的意思是：實在太尷尬了，在你說出更糟糕的事情之前，請離開吧。

出了那棟建築，我大大鬆了一口氣，那股解脫感勝過了我在安東尼爵士面前令人毛骨悚然的糟糕表現。雖然勝過得不多，但足以讓我興奮地打電話給一些朋友，跟他們說史上最糟的試鏡故事。

07

哈利波特試鏡

The Potter Auditions

當蹺哥碰上妙麗

When Draco Met Hermione

十一歲以前，我就讀於一所略為高檔的私立男子學校：克蘭莫爾（Cranmore）。它不像霍格華茲（Hogwarts）——沒有高塔、沒有湖泊，也沒有輝煌的大廳。那是一所非常學術的學校，在班上名列前茅是很酷的事。成績好，你就會受尊重，早退去片廠打混，就不會受到尊重。我的外公資助了我的學費。外公是一位學者——晚點再聊他——他沒有幫我們四個男孩存大學基金，而是讓我們小時候接受私校教育。他希望趁我們年紀小、容易受影響的時候，把學術能力灌進我們腦中。

如果說我有任何學術能力——基本運算能力、能夠樂在閱讀——那都是來自克蘭莫爾的那幾年。然而，快要離開這所私校的時候，我開始心不在焉。我清楚地記得，在我最後的幾個月，午餐後有一堂半小時的課，老師有時候會朗讀故事給我們聽。有一天，老師選的書是關於一個住在樓梯下的巫師男孩。說實話，不管他讀的是什麼書，我幾乎都會有同樣的反應：閉嘴啦，老兄！巫師男孩？沒興趣。

我十一歲的時候，換了一間學校，新的學校離家近，也樸實親民許多。新的學校叫做愛芬罕霍華德（Howard of Effingham），如果我在克蘭莫爾學會的是閱讀、寫作、算數，我在愛芬罕霍華德學會的就是如何與各式各樣的人來往。我第一次看到學生和老師頂嘴，這在克蘭莫爾可說是前所未聞。我也看到小朋友在學校抽菸，還有女生因為裙子太短被送回家。當然，我那時還不知道我的未來會如何發展，但直至今日我還是相信，如果我當初沒有轉學，我的生活可能會非常不同。私校和電影片廠都是不尋常的環境。愛芬罕霍華德給了我正常的生活。

這不代表過渡期就很容易。七年級的第一周，規定每個人都要穿前一所學校的制服。這意味的是，大多數的小朋友都是同樣的穿搭：T恤和短褲。我和另一位同學——我的朋友史蒂維（Stevie）——要穿的是暗紅色小帽、西裝外套與及膝長襪。簡單來說，我看起來是個徹頭徹尾的笨蛋，而且也不少人這樣告訴我。這樣融入新學校不容易，不過回過頭來看，我很高興換了學校，不然我可能會繼續認為，想要在世界上立足，就必須成為絕頂聰明的人。我那時開始了解到，能與各式各樣的人溝通，是一個更加重要、更有用的能力。在比較正常的環境生活能幫我做到這點。當我生活的其他部分變得不正常，這一點更會成為優勢。

在那之前，我一直都是個厚顏無恥的頑皮小男孩，而且經常能逃過懲罰。事實上，我不只是逃過懲罰，我還靠厚顏無恥的形象拿到電影角色。然而，隨著青春期到來，頑皮發展成了別的東西。我變成一個有點討厭的人，有點墮落。別誤會了，我住在薩里郡滿好的區域，以「墮落」來說，我算是滿優雅的。真的，我只是在盡力適應新環境，只是在盡力做個普通人。

而我的確是個普通人。當然，我有一些演戲經驗，我拍了一些廣告和兩部電影，但沒人在乎。我的新朋友們更有興趣的是溜滑板、業餘煙火、在腳踏車棚後面共享一根菸。我想，甚至連我自己都沒有那麼在乎拍片。那是個有趣的副業，僅此而已。我肯定沒有打算更嚴肅看待演戲。如果我不會再拍任何電影了，那也沒關係。

也許我真的不會再拍任何電影了，因為我開始變得有些自大，有點傲慢。應該沒有人想把角色給這樣的孩子去演吧？

當我的經紀人第一次要我試鏡一部名為《哈利波特：神秘的魔法石》（*Harry Potter and the Philosopher's Stone*）的電影時，我不知道它的規模會和我以前做過的工作有什麼不同。在我看來，這又是另一部《寄居小奇兵》：一部相對高預算的電影，有很多小朋友演出，而如果我表現得當，可能拿得到這個角色。假如我沒拿到角色？那也沒關係。這又不是最重要的事，其他機會很有可能會再來。

然而，至少從試鏡過程而言，很快就可以看出這部電影不太一樣。它的試鏡是公開徵選，我是被我的經紀人要求去參加的，不過大部分的孩子都是因為喜歡《哈利波特》小說而去試鏡的。我想我可能是整個試鏡過程中唯一不知道《哈利波特》是什麼的小朋友，我也不知道這些書對人們有多大的意義。我早就忘了午餐後故事課說到的巫師男孩。

試鏡過程比我經歷過的任何事都還要冗長。當然，不用飛去好萊塢，但選角工作顯然比一般來說更複雜。有成千上萬的孩子想試鏡，要給每個孩子一個成功的機會，要花上很多時間。對選角團隊來說，這一定相當累人。我以我一貫缺乏顯著熱情的態度來面對試鏡。其他小朋友對於參演電影的可能性都感到興奮無比，而且他們顯然對小說瞭若指掌，而我卻完全相反。

他們讓我們三十人站成一排。其中一位大人——我後來發現這位就是克里斯．哥倫布導演——順著隊伍問我們每個人，最期待在大銀幕上看到書中的什麼。我記得我對這個問題無動於衷。隨著其他人一個個回答，清楚又明確——海格（Hagrid）！牙牙（Fang）！魁地奇（Quidditch）！——我記得我站在那裡心想，我是不是很快可以回家了。輪到我隔壁的小朋友，我才發現，我不僅完全沒有思考過這個問題，我連大家在說什麼都不知道。海格是誰？魁地奇是什麼東西？隔壁的小朋友回答，他最期待看到古靈閣（Gringotts）。我心想，那是什麼鬼東西？也許是某種飛行動物？

沒時間找答案了，克里斯．哥倫布轉向我。「你最期待看到書中的什麼呢，湯姆？」我停住了。試鏡室進入尷尬的沉默。我露出我最迷人的笑容，指向那個回答古靈閣的男生。「跟他一樣，老兄！」我說。我用手臂做了一個拍動翅膀的小動作。「我等不及要看那些古靈閣了！」

一段沉重的停頓。

「你是說，你很期待看到古靈閣……銀行嗎？」哥倫布說。

「喔，對啊，」我迅速混過去。「銀行！超期待！」

他盯著我看了好一會兒。他知道我在胡說八道，我知道他知道我在胡說八道。他點點頭，然後繼續問接下來的小朋友，得到了一連串熱情又詳盡的回答。

好吧，我心想，勝敗仍兵家常事。

但試鏡還沒結束，哥倫布宣布要休息一下。「你們就在這邊玩吧，」他說。「我們不會拍你們，就做你們想做的事就好。」當然，這是一個騙局。攝影機還在錄，房間上方還吊著一支又大又毛茸茸的吊桿式麥克風。我到過拍攝現場，所以我看得出來，而我因此覺得自己很了不起。我當然不願意落入他們的圈套。

有一個好奇的小女生朝我走來，她一頭褐色卷髮，看起來不到九歲。她指著吊桿式麥克風。「那是什麼？」她問道。

我抬頭看了看，有點厭世也有點自以為是，搞不好還冷笑了一下。「什麼是什麼？」「那個。」

「那代表他們在錄我們啊，這麼明顯。」我轉過身就走掉了，留下那個小女生睜大眼睛看著房間四處。後來我發現，她的名字叫艾瑪．華森（Emma Watson）。那是她第一次進入拍片的環境。我不知道是否有人聽到我們之間的交流，但如果有人聽到，一定在我身上看到了一點史萊哲林的特質。

最後階段是一對一與哥倫布導演進行試戲。讓小孩子試鏡是很難的。現實中，如果你只是給他們一段獨白、一個舞台，他們能表現得多好呢？不過哥倫布有一種天賦，他能把他想看到的東西從我們身上引出來。我們排練了簡短的一場戲，是哈利向海格詢問一顆龍蛋的情況。由於真的龍蛋很難取得，所以道具是一顆普通的雞蛋。這場戲很單純，我們只排練了一次，就開始錄了。

內景　一間試鏡室　日

湯姆：（飾演哈利）海格，那是什麼東西？[15]

哥倫布：（盡力演出海格的聲音）這是一顆很寶貴的挪威脊背龍（Norwegian Ridgeback）的蛋。

湯姆：哇！真的龍蛋！你從哪裡拿到的？

哥倫布：這種龍是非常罕見的，哈利。很難找到。

湯姆：可以讓我拿一下嗎？

△停頓。

哥倫布：好，但要小心——蛋很脆弱的……

他小心翼翼地要把蛋給我，但就在準備要遞給我的時候，他故意把蛋弄掉了。蛋砸到地上，滿地都是龍。他觀察我的反應。我想，大部分的孩子都會覺得應該說些什麼，或是會因為這一場戲的轉折而感到震驚。但我只是咯咯笑，我是個小混蛋。

我的厚臉皮——或是狂妄自大，隨你怎麼說——顯然沒有阻止我進入下個階段。第一天之後，我被召回了好幾次。我試了哈利的台詞至少兩次，榮恩也有。這一次，有幾句電影的簡單台詞，但對我來說毫無意義，因為我還是不知道這個住在樓梯下的巫師是誰，也不認識他的紅髮朋友。他們讓我戴上圓形眼鏡，還在我的頭上畫了一道疤痕。我和其他入選的人在片廠待了一整天。有一度，他們甚至把我的頭髮染成榮恩的髮色，不過幸好我避免了又一次的卷髮鯔魚頭浩劫。我開始認真考慮，如果能扮演哈利波特這個小子，或許是滿酷的……

但後來試鏡結束了，我好幾周都沒有聽到消息。

好吧。沒消息就是好消息，對吧？

15 譯注：原文為What's that, Hagrid?，出自《哈利波特：神秘的魔法石》小說。

不對。

我們每年的家庭假期都在法國的歐洲度假村（Eurocamp）進行。爸爸、媽媽、費爾頓四兄弟全部擠進我們藍色的全順（Transit）廂型車，那輛老車經常在高速公路半路拋錨。那絕對是我一生中最美好的假期。有新鮮的長棍麵包，第一次吃到能多益榛果可可醬（Nutella）。我記得那年夏天，我在帳篷附近閒晃，玩溜溜球，我媽媽在看報紙。她叫我過去看一張照片，

照片裡有兩個男生和一個女生。其中一個男生一頭黑髮，另一個男生一頭紅色亂髮，女生一頭褐色長卷髮，我立刻認出那就是我在試鏡中對她不太友善的孩子。標題寫著：《哈利波特》演員揭曉。

我在外表上顯得不以為然。「好吧，」我說。「下次加油。」然後我就走開了，繼續玩我的溜溜球。老實說，我感到一陣失望，但我很快就克服了，十分鐘後就釋懷了。扮演巫師也許很有趣，但那是不可能的了，那我還不如享受我的假期，在陽光下玩我的溜溜球。

然後，當然，我被召回了。他們不想要我演哈利或榮恩（或妙麗），而是另一個角色。反派的踱哥．馬份，想當然囉。

我很想說，十二歲的湯姆因為試鏡而受到啟發，拿著幾本《哈利波特》，窩起來看了小說，但並沒有。我認為，這反而有幫助。製作高層不是要找人來演戲，他們要找的就是那些角色本人。丹尼爾（Daniel）、魯柏（Rupert）和艾瑪成功了，他們幾乎就是——或著至少以前是——哈利、榮恩和妙麗。雖然我想要認為踱哥和我並不是完全相像，但我平常一副滿不在乎的樣子肯定有著什麼，吸引了他們的注意力。踱哥會像妙麗一樣，回家趕緊看《哈利波特》小說嗎？我不認為。當踱哥被問到最期待在大銀幕上看到什麼角色，他會矇混過去嗎？很有可能。

你要把角色演好，但更重要的是你必須看起來像這個角色。他們決定要看看我的頭髮漂染過後是什麼樣子，這將成為我接下來十年中許多漂染的第一次。要確定我的第一個馬份髮型比我預期的還要耗時，尤其是髮色要變淺的時候，沒辦法輕易調整顏色。因為必須先上漂劑，然後再上染劑。第一次的時候，漂劑讓我的頭皮灼熱，感覺就像紅火蟻在啃咬頭皮，痛苦至極。然後他們說得再做一次，我拜託他們不要，但我的懇求被置若罔聞，我立刻又得坐回造型師的椅子上。最初花了幾天的時間，染了六或七輪，才達到後來的顏色。對電影製作團隊來說，髮色恰到好處是非常重要的。他們必須確認馬份的金髮和衛斯理的紅髮、格蘭傑的褐髮放在一起好不好看。我花了好幾個小時在各式色樣旁邊進行定裝測試，讓他們了解我穿上深色霍格華茲巫師袍或是綠色與銀色的史萊哲林魁地奇球衣會是什麼樣子。

他們也需要知道我和哈利、榮恩、妙麗同框會是什麼樣子。三位主演有參加我的最後一次試鏡，讓工作人員能看到我們的膚色、身高以及整體的感覺會如何並列呈現。在試鏡過程中，我們已經進行到了一起讀台詞的階段——現在已經不能拿雞蛋來亂玩了——於是我們試了哈利和踍哥的初次相遇。

我比魯柏大一歲，比丹尼爾大兩歲，比艾瑪大將近三歲。隨著電影一集接一集的拍攝，年齡差異變得越來越不重要，但十二歲和九歲之間有很大的區別，而我也記得我確實感覺自己大很多。我們的初次見面就像一般小朋友的初見面，很尷尬，我們都很害羞（魯柏除外……）。在戲外，我可能對這些比我小的小朋友有點冷漠。別忘了，我在家有三個哥哥，而他們青春期的冷漠也影響了我許多。毫無疑問地，那份冷漠也表現在試鏡之中，不過，這能幫我拿到這個角色嗎？

一兩周後，我在我朋友里奇（Richie）家的院子踢足球，他的媽媽珍妮絲（Janice）在屋內透過窗子大喊：「湯姆，你媽媽打電話找你！」

我覺得有點煩躁，因為足球比賽不是很順利。我跑進屋內，滿不耐煩地拿起電話，氣喘吁吁地說：「什麼事？」

「拿到了！」

「什麼？」

「你拿到角色了！」

「什麼角色？」

「跩哥！」

我逐漸理解的時候，進入了短暫的沉默。

「酷喔，」我說。「應該滿好玩的。」

然後我說：「嗯，媽媽，我可以掛電話了嗎？我現在二比一落後。」

我很想說我心花怒放，但實際上我真的只想回去踢球。我回到院子，里奇在那兒，不耐煩地拿著球。我很少會覺得想要告訴任何朋友，我在我生活的這個部分都在做些什麼。多年前在瘋小孩俱樂部遭遇的冷淡經驗告訴我，其他人不會對我的工作有任何興趣。但這一次，我確實覺得想要分享。「怎麼了？」里奇說。

「沒什麼啦，我拿到一個角色了。應該滿好玩的。」

「演什麼？」

「《哈利波特》，我要演的是壞人。」

「哈利啥？」

「沒什麼啦，我們要把比賽踢完還是怎樣？」

那場比賽我輸了，但我拿到了這個角色。

就這樣，一切就開始了。

08

讀本會議

The Table Read

親親屁屁

Kiss Kiss Kiss on the Bum

劇本寫好了，選角也已完成，但演員要在拍攝的第一天之前就先讀到劇本。電影製作團隊需要確保攝影機開始錄影的時候，一切都會順利，演員的呈現也都依照計畫進行，因此需要開讀本會議。讀本會議正如其名，就是大家圍著一張桌子坐下，大聲讀出劇本。

我以前也參加過讀本會議，但從來沒有到這種規模。我看到卡司的人數時，不禁覺得有點害怕。我們到了李文斯敦片廠（Leavesden Studios）一個巨大的機棚，看到幾張桌子拼成巨大的正方形，長寬各二十呎（六公尺），也看到一群成年演員、兒童演員與他們的陪同者。小朋友們互相打招呼，在一起玩了一會兒，但我就像我的角色一樣，自以為比其他人厲害。陪同者都被要求坐在機棚的邊緣，所以我媽媽端著一杯好茶坐下來，而我就在這張壯觀的桌子前坐下了。我環顧四周，打量著未來十年即將成為我生命一部分的一些人。當然，我已經見過丹尼爾、魯柏和艾瑪了。現在這樣說似乎有點奇怪，但他們絕對不是那個機棚內最有名的面孔，雖然我當時並沒有意識到這一點，近年來最知名的許多英國演員都齊聚一堂了。李察・哈里斯爵士（Sir Richard Harris）[16]坐在桌子的一頭，瑪姬・史密斯女爵（Dame Maggie Smith）[17]坐在另一頭。李查・葛瑞夫斯（Richard Griffiths）[18]、約翰・赫特（John Hurt）[19]、茱莉・華特斯（Julie Walters）[20]……四周都是皇室級的演員，但我那時候很多人都不認識。我很緊張，但如果我當時知道我周遭是怎麼樣的陣容，我一定會更加緊張。

不過，也有我認識的演員。桌子的一側坐著一位神情嚴肅的男人，他有一張我熟悉的臉以及顯著的鼻子，那是艾倫・瑞克曼（Alan Rickman）。我嚇壞了，並不是因為他飾演賽佛勒斯・石內卜（Severus Snape）散發的可怕氣息，而是因為我很喜愛《俠盜王子羅賓漢》(*Robin Hood: Prince of Thieves*）這部電影，而且艾倫飾演卑鄙的諾丁漢郡長（Sheriff of Nottingham），演技令我著迷。與郡長本人共處一室，這就足以穿透我這個小男孩狂妄的外表了。桌子另一邊坐著一位看起來比較不嚴肅的男人，他滑稽的冷笑讓我現在想起來都覺得好笑。瑞克・馬尤（Rik Mayall）是我和哥哥的偶像，艾許尤其崇拜他。我們是看

---

16 譯注：李察・哈里斯爵士（Sir Richard Harris），知名愛爾蘭演員與歌手，曾獲坎城影帝、葛萊美獎等殊榮，在《哈利波特》第一集與第二集電影中飾演霍格華茲的校長阿不思・鄧不利多（Albus Dumbledore）。

17 譯注：瑪姬・史密斯女爵（Dame Maggie Smith），被譽為英國最傑出的演員之一，曾多次獲得奧斯卡獎、東尼獎、金球獎、艾美獎、英國電影學院獎等等，在系列電影中飾演霍格華茲的副校長兼變形學教授兼葛來分多學院院長麥米奈娃（Minerva McGonagall）。

18 譯注：李查・葛瑞夫斯（Richard Griffiths），英國演員，曾獲勞倫斯・奧利佛獎、東尼獎最佳男主角，在系列電影中飾演哈利的姨丈威農・德思禮（Vernon Dursley）。

19 譯注：約翰・赫特（John Hurt），英國演員，曾獲英國電影學院最佳男主角、金球獎最佳男配角等，在系列電影中飾演知名魔杖製造師奧利凡德（Ollivander）。

20 譯注：茱莉・華特斯女爵（Julie Walters），曾獲金球獎最佳女主角，在系列電影中飾演榮恩的母親茉莉・衛斯理（Molly Weasley）。

著《年輕人》（*The Young Ones*）和《低級兩賤客》（*Bottom*）長大的，而瑞克・馬尤動不動就讓我們笑到在地上打滾。我迫不及待想回家和艾許說，我見到了「討厭鬼瑞克[21]」。我身邊雖然有很多女爵與爵士，但最讓我無法相信的就是能與瑞克共處一室。

劇本就在我面前，翻了翻，專心看我的部分，但沒有全部看完。在後來的電影拍攝期，劇本都有各自上浮水印，這樣要是有人洩漏出去，就會知道是誰搞的鬼。這份劇本並沒有浮水印，但並不表示它不重要。劇本神聖不可變動。羅琳（Jo Rowling）理所當然地非常保護她的故事，負責將小說改編成劇本的史提夫・克羅夫斯（Steve Kloves）也受到相當嚴格的約束。當然，他不可能把所有內容都寫進去，不然電影就要演七個小時了，但是一旦劇本被批准，就沒有什麼迴旋的餘地了。不過，能夠聽到劇本大聲被讀出來是很重要的，因為這樣才能挑出不合適的部分，或是步調太慢、太無聊的部分。雖然我當時不知道，但對一部片的演員來說，讀本有可能是個殘酷的過程。聽完讀本之後，如果製作高層不喜歡某個人和另一個人的口音一起聽的感覺，或是什麼地方聽起來怪怪的，他們就會毫不猶豫地把演員的戲分刪掉或是換角。這種情況就發生在瑞克・馬尤身上，雖然不是在讀本的時候發生的。他飾演的是愛吵鬧、惡作劇的皮皮鬼（Peeves），而且他拍了他所有的戲。沒有比這更完美的選角了，但由於某種原因，他的角色被砍了。

我們圍著桌子輪流自我介紹：嗨，我是製片之一的大衛．海曼（David Heyman）。嗨，我叫丹尼爾，我飾演哈利波特。我是李察，我飾演阿不思．鄧不利多（Albus Dumbledore）。我是湯姆，我飾演跩哥．馬份。羅比．寇特蘭（Robbie Coltrane）和艾瑪．華森坐在隔壁，輪到他們自我介紹的時候，他們交換了角色。我是羅比，我飾演妙麗．格蘭傑（Hermione Granger）。我是艾瑪，我飾演魯霸．海格（Rubeus Hagrid）。我當時覺得很搞笑——體型龐大的羅比和嬌小的艾瑪交換角色——而這也是典型的羅比．寇特蘭招式，用絕佳的幽默感來緩解任何緊張的氣氛。他明白如果有一屋子的小朋友，那就不能把一切都搞得太嚴肅，而他也非常擅長緩解氣氛。

我也不是不緊張。讀本會議開始了，每個人都很出色。提早了好幾頁，我就可以感覺到我的第一句台詞快要到了。我用螢光筆標示了我的台詞，並將我有出現的頁面摺角標記。我在腦海中反覆唸著台詞：所以火車上傳的話是真的，哈利波特到霍格華茲來了。[22] 我突然想起多年前的那一刻，扮演樹木一號的我忘了詞，搖搖擺擺哭著下台。現

21 譯注：原文為 Rik with a silent P（P不發音的 Rik），即為 prick（討厭鬼）的文字遊戲。

22 譯注：原文為 It's true then, what they're saying on the train. Harry Potter has come to Hogwarts.，此處從電影翻譯。

在想必不會再發生了……

輪到我了，我很快地唸了我的台詞，一切順利。我大部分的緊張情緒都消失了。進行到一半時，我們有休息時間。瑞克·馬尤跳了起來，尖聲叫道：「比賽誰先跑到廁所！」他像一個瘋癲的吹笛人衝刺而去，二十個孩子跟在後面跑，我跑在最前面。

拍電影是個嚴肅的工作。很多人對於拍攝計畫投入了大量的資金，他們和電影休戚與共，希望看到他們的投資有被妥善處理。讀本會議那天，正有很多大人物在確認這件事。但多虧了羅比、瑞克這樣的人，我覺得拍攝《哈利波特：神秘的魔法石》會非常好玩。電影會成功嗎？會拍續集嗎？我那時都不知道。說實話，我甚至根本沒有想過這些問題。當時對我來說，這只是另一部電影，我並不期望它會改變我的一生。

比讀本更令我興奮的是，結束之後我有機會鼓起勇氣向瑞克·馬尤介紹自己。那時候艾許的生日快到了，媽媽的手提包裡有他的生日卡片，我便怯生生地請瑞克簽名，他非常友善地答應了。令我高興很久的是，他寫道：「艾許，生日快樂，愛你的瑞克·馬尤上。親親屁屁！」然後他就跳著舞，像皮皮鬼一樣，跑去逗其他小朋友了。

媽媽看了卡片，搖搖頭，皺著眉。「我不知道耶，湯姆，」她說。「我覺得這不太得體。」

「媽媽，放輕鬆，」我告訴她。「這是個玩笑啦。」我把生日卡收了起來，就像是個寶物一樣。而這的確是個寶物，我的哥哥都覺得我的演員副業沒什麼了不起，但瑞克．馬尤在屁屁上的一個親親是值得用黃金來衡量的。

09

踫哥與達爾文

Draco and Darwin

馬份冷笑的起源

How Malfoy Got His Sneer

我的外公非常厲害。他的名字是奈傑爾．安斯蒂（Nigel Anstey），是一名地球物理學家。我應該補充，他是一位知名的地球物理學家，獲獎無數，甚至還有一個獎項以他的名字命名。要出外景拍攝《神秘的魔法石》的時候，我需要一位大人陪我，外公就得到了這份工作。媽媽又無法從工作中抽身了，所以我的外婆溫蒂（Wendy）來幫她處理家務，而我和外公就上路了。

外公留著一臉灰白的大鬍子，看起來像是達爾文，或著也可以說是像一位睿智的老巫師。這也就是為什麼外公在李文斯敦片廠陪我前往梳化間的時候，克里斯．哥倫布在樓梯上第一次看見他，就認為他非常適合飾演霍格華茲的教授。

內景	李文斯敦片廠的樓梯	日

△一位年長的大鬍子紳士陪一個亂糟糟的金髮小孩前往梳化間。他們遇到克里斯．哥倫布，哥倫布停了一會兒，眨了兩下眼睛，歪著頭。

哥倫布：（帶有美國電影導演的熱情）嘿，你有看過我們的原著嗎？

外公：（帶有英國學者的矜持）我有。

哥倫布：你很適合當巫師呢！有沒有想過來演戲啊？

外公：沒有想過。

哥倫布：我們很希望你能加入霍格華茲！可以考慮看看嗎？

△停頓。

外公：我會考慮。

演員的家人在系列電影中客串是前所未聞的，我外公就是例外。在第一集電影中，當學生第一次進入霍格華茲餐廳（Great Hall），或是奎若教授（Professor Quirrell）大喊地牢裡有山怪的時候，你可以在教授長桌的最右邊看到他。在第一場魁地奇球賽中，坐在李．喬丹（Lee Jordan）[23]旁邊的也是他。外公也和李察．哈里斯非常神似，所以他經常被當作鄧不利多的替身來排練鏡頭。不過，他對這部電影的影響不僅是鏡頭前的短暫客串。

我的外婆很喜歡仙子、精靈、魔法、鬼魂、妖精這些東西，我也遺傳到了這股熱忱。而我的外公則是個大科學家，他的步調緩慢，有條不紊，而且非常理性。我和哥哥以前會和他下棋，每次都被輕鬆擊敗，然而他還是堅持每一步棋都要考慮足足五分鐘。我們有一半時候是因為太無聊而輸的。然而，儘管他是理性主義，他對藝術抱有無比的熱忱。他熱愛歌劇、古典與現代音樂、戲劇、詩歌、電影。因此，我認為他很高興能出演這部電影，也很高興能幫助我準備這個角色。

我說話很容易結巴。我會因為太過熱情，而害我說出口的單字都撞在一起，我甚至開始出現輕微的口吃。外公教我放慢說話的速度，如何清楚準確地表達。這對年輕演員來說是重要的一課，但我外公給我的不僅僅是一般的建議，他幫我發展了踟哥最獨特的特色之一：踟哥的冷笑。

跩哥沒有冷笑，就什麼都不是了，所以他堅持我需要練習一下。我們在外景地一間小民宿的鏡子前坐下來，練習恰到好處的冷笑。外公叫我想像我在為了某件可怕的事情而微笑。如果笑容太大，看起來就太高興了，所以他要確保我的笑容夠小又討人厭。當我掌握了這一點，他就教我抬起頭並張大鼻孔，假裝聞到噁心的味道。「完美，」他說。「現在只用一個鼻孔試試。」最後，他鼓勵我把身為年紀最小、身高最矮、最瘦弱的弟弟的挫折感導入我的冷笑之中。那我就有很多挫折感可以用了！每一個弟弟妹妹都會覺得受到不公平的對待，如果跩哥對待其他演員的態度，就像我哥哥有時對我的那樣，那我肯定做對了什麼。

我照外公說的做了。我坐在鏡子前，回想哥哥們叫我小蛆、矮子的每一次。回想他們霸占遙控器，不讓我用的每一次。回想我們在玩爸爸從多琴買來的四手撞球桌的時候，金克捉弄我的那次。我拿起撞球桿，像投標槍一樣投向他。他很自私地躲開了，標槍直接飛過，撞碎了我們家後門的玻璃。

當然，我的哥哥們永遠是我最好的朋友，我家和馬份莊園（Malfoy Manor）截然不同，我家是一個快樂、有趣、充滿愛的地方。跩哥在黑暗與虐待的家庭中長大，而我則

23 譯注：李．喬丹（Lee Jordan）是《哈利波特》系列小說中衛斯理雙胞胎的好友，擔任霍格華茲魁地奇球賽的播報員。

是在有愛的家庭中長大。不過，我和外公在鏡子前的那些練習讓我學會了關於演技的重要觀念。演員會把自己生活中的元素塑造成不同的東西之後，把自己的一部分帶到角色中。我不是跩哥，跩哥也不是我。但我們之間的界線並不是黑白分明，而是深深淺淺的灰色。

10

頭號不受歡迎人物（第二部分）

Undesirable No. 1(Part 2)

葛果里・高爾與爆炸的熱可可

Gregory Goyle and
the Exploding Hot Chocolate

製作電影是一種合作的過程。《哈利波特》系列電影是無數的豐富想像力創造出來的，從羅琳到美術組各組與攝影組，再到一些令人驚豔的演員呈現。但對我來說，在前兩集電影將這些統統聯繫在一起的黏著劑，成就了電影的人，是導演克里斯·哥倫布。

我是他的影迷，雖然我自己都不知道。他拍了許多我成長過程中最喜歡的電影，包括《窈窕奶爸》（*Mrs. Doubtfire*）與麥考利·克金主演的《小鬼當家》系列，我小時候在紐約也曾短暫地搶過麥考利的粉絲。但哪個孩子在看電影的時候，會去想導演是誰呢？如果我和茱蒂·佛斯特或約翰·古德曼一起演戲都老神在在，那麼這位我沒聽過的導演肯定也無法動搖我。情況很快就改變了。哥倫布很快就成了我在現場的導師，如果沒有他，我的演出一定會有很大不同。

哥倫布有種天賦，他知道怎麼和小孩打交道、如何從我們身上引出最佳表現。我想，如果沒有某種程度的玩心和童趣，他也就不會拍出《小鬼當家》這樣的電影。他知道如果你把二十個孩子放在一個房間裡，用不了多久，他們就會打鬧起來。（拇指大戰和打手是我們的最愛。）他沒有試圖扼殺這一點，而是反而鼓勵我們這樣做。他有個很出色的能力，就是無論多大型的製作，他都不會被影響。他通過嬉鬧來做到這一點。他的樂趣之一是在片廠中央設置只有一個籃網的小籃球場。起先，那只是為他自己設置的，方便他在午餐時間可以投個幾球。後來有兩三個人加入了，然後我也問能不能玩。「當然了，老弟！來吧，來吧！」最後，我們大約有八個人，吃了午餐就會去打四十五分鐘的籃球。問題是，開打十五分鐘後，我的頭髮和戲服就會被汗水浸濕，我臉上每一寸的蒼白妝容都會脫落。哥倫布讓我們這些孩子搞成這樣，因而被造型組責備了。他說：「抱歉了，老弟。」他真的覺得很遺憾。「我想讓你玩，但真的不行。」（之後我還是偷偷玩了幾次，但我把出汗控制在最低限度。）

哥倫布並不主張要告訴我們該做什麼或是如何演戲。他擁有一種關鍵知識，看著螢幕就知道如何讓一顆鏡頭成功。然後，他似乎知道確切該對每個人說什麼，便能從我們身上得到他需要的東西。他沒說的往往比有說的更為關鍵。他的策略之一是調整環境，讓兒童演員的演出有機自然地發生。最棒的例子就是我們第一次進入霍格華茲餐廳。直到拍攝那個場景的當天，他們刻意讓所有的小朋友都遠離布景。在那之前，哥倫布確保一切都非常完美。長桌擺好了，臨時演員都就位了。上百支燃燒中的蠟燭用釣魚線從天花板往下吊掛（後來釣魚線燒斷，導致蠟燭掉下來）。鄧不利多、海格、石內卜——還有我的外公——身著盛裝坐在主桌。當然，天花板上沒有星空，只有巨大的鷹架，但第一次進入那個空間是不可能不被震撼的。銀幕上霍格華茲新生的反應都是真的，他們的驚訝全寫在臉上，這就是哥倫布巧妙的安排。他不需要告訴我們要做什麼，他只要為他所追求的反應去設計完美的環境。（當然，我當時還是表現了一點厭世、無聊、覺得不怎麼樣的態度，所以儘管我和其他人一樣覺得印象深刻，我的表情可能稍微有點不那麼陶醉。我全然相信這都是哥倫布計畫的一部分：我的態度完全符合我的角色。）

哥倫布的熱情是無止盡的，他一直說：「太棒了，天哪，真是太棒了！」第二集電影拍攝接近尾聲時，我們甚至開始模仿他，用我們自己的詮釋說「太棒了，天哪！」，但我很確定他並不會介意。實際上，他肯定會鼓勵我們這樣做。他希望我們厚臉皮、開心玩，因為他知道這股活力會直接轉化到銀幕上。

他的一對一指導技術同樣巧妙。因為他人這麼好，小演員們都很想給他留下好印象，我也不例外。他會大肆宣揚他對踋哥是多麼又愛又恨。每次我冷笑或散發出優越感，他就會叫「卡（cut）！」，臉扭成一團，笑著說：「喔，你這個小混蛋！」他沒有告訴我他想要什麼，而是對我的表演中令他滿意的部分作出正面的回應。他這麼做，能夠將表演從我身上引導出來，而沒有給我壓力或指令。對我來說，這就是偉大導演的特質。

不過，也不能全都是嘻笑打鬧。哥倫布輕鬆的態度是為了讓小演員發揮出最佳水準的精密設計，但我們也不能太悠哉。拍攝現場有好幾十個孩子，容易出現混亂。那麼，當老大一心想讓小朋友玩得開心時，你要如何控制這群活潑的小流氓呢？哥倫布是好警察，這時候就需要有人來扮演反面，即使不是壞警察，至少也要是嚴厲的警察。克里斯・卡列拉斯（Chris Carreras）登場：他是《哈利波特》拍攝現場第二重要的克里斯。

卡列拉斯是第一副導演，哥倫布的得力助手。他負責管理拍攝現場，他的工作是確保一切順利且按時進行，確保每個人都知道自己什麼時候要做什麼。當你有一群興奮的小孩要控制時，這可不是件容易的事。卡列拉斯是這份工作的不二人選。他是業界最知名、最受尊敬的第一副導演之一，他理所當然地像一個教官一樣管理現場。無論他走到哪裡，他的脖子上都掛著一個黑色的哨子。第一天，他就向我們所有人講了一段話。就像鄧不利多向全校宣布，如果不想七竅流血、痛苦慘死，就絕對不要踏進三樓的走廊[24]，卡列拉斯舉起他的哨子，制定了規則：「如果我吹了哨子，你還繼續說話，我一定送你回家。」

卡列拉斯是個好人，但我們都有一點怕他。我想他應該不會真的把我們送回家，但他很有威嚴，讓我們對他有足夠的尊敬，相信他可能會那樣做。因此，每當他吹響那該死的哨子，附近的每一個小朋友都會停下手邊的事情，閉上嘴巴聽他說話。

偶爾也會有例外。

24 譯注：原文為 the third-floor corridor was out of bounds to those who did not want to die a most painful death，出自《哈利波特：神秘的魔法石》小說（非逐字引用）。

飾演高爾的喬許．赫德曼（Josh Herdman）和我曾經惹過不少麻煩。我清楚記得我們在王十字車站（King's Cross）拍攝的第一天。那是我爸爸少數陪我拍片的日子之一，而我很高興地向各位報告，我可不是那天唯一惹事的費爾頓。爸爸走到拍攝現場，看到所有的道具、攝影機、成群的臨時演員，理所當然地覺得印象深刻。當然，還有「九又四分之三月台（Platform 9 3/4）」的標誌，那是第一次掛出來，必須對外界保密。爸爸興致勃勃地拿出相機，拍了一張月台標誌的照片。當然，這是嚴格禁止的行為，違反了拍攝現場的禮儀。一位副導演從後面看到他，大喊有人在拍照。這時，出現一群來勢洶洶的人，試圖找出可惡的狗仔。爸爸迅速藏起相機，指著另一個方向喊道：「他往那邊走了！」就這樣，他順利地躲過一頓臭罵。

我就沒那麼幸運了。那天非常寒冷，所以團隊給小朋友一人一杯咖世家（Costa Coffee）的熱可可。我把我的熱可可大口喝完，空的紙杯放在地上，喬許用腳後跟把我的紙杯踩扁了，他這個動作做得很帥。喬許和我不一樣，慢慢地喝著他的熱可可，卡列拉斯的哨聲響起時，他幾乎還沒喝多少。他把紙杯放在地上，立正站好。但我就沒那麼聽話了，我不甘示弱，心想喬許的紙杯也應該空了，奮力地高高跳起，然後雙腳同時踩在紙杯上落地。

真的很不可思議，一杯熱可可的爆炸能給方圓十二呎（三．六公尺）內的每一套霍格華茲長袍帶來多大的髒亂。在時間緊迫之下，電影製作團隊最不希望看到的就是一群又濕又髒的青少年，需要緊急清理他們的服裝。卡列拉斯的臉垮了下來。他大步走到我們面前，給了我們一個會讓石內卜都顫抖的眼神，彷彿說著：你這個小混蛋！那一刻，我真的很怕卡列拉斯，並且我真的認為我飾演跩哥的職業生涯可能在開始之前就要結束了。令人高興的是，他訓斥我時，我察覺到了一絲絲的笑意。我逃過了一劫，但我們再也不能在拍攝現場喝熱可可了。雖然我想說，自從被克里斯．卡列拉斯臭罵的那一刻起，我們就乖乖聽話了，但事實恐怕並非如此……

從我獲邀參演《哈利波特》電影的那一刻起，規則就很清楚：我不能做任何危險的事情。滑雪？門都沒有。極限運動？你開玩笑吧。這和當初拍攝巴克萊卡廣告的規定一樣，這些限制是有道理的。沒有人想要花費幾百萬英鎊拍電影拍到一半，發現不得不重新拍攝一大部分，只因為其中一位演員斷了三根骨頭，要在醫院度過接下來的六個月。

即使是小傷也可能——而且也曾經——造成問題。我們在拍第二集電影時，我的朋友里奇來我家過夜。我媽媽當初打電話說我拿到跩哥的角色時，我就是在他家。我們睡在客廳，我睡沙發，里奇睡地板。當時，費爾頓家新買了一支無線電話，我和里奇整晚都在打惡作劇電話。燈是關著的，這樣媽媽就不會知道我們還沒睡。

「把電話丟過來，」我興奮地小聲說。

里奇照做了。他用丟的，非常用力。身為史萊哲林魁地奇球隊的一員，我的身手應該要很好，但當我伸手去接電話時，我的搜捕手技能讓我失望了。電話在我的額頭上狠狠地敲了一下。慘了。我們在黑暗中摸索，走向電燈開關，開了燈。里奇盯著我。「怎麼樣？」我說。「怎麼樣？很明顯嗎？」

「我的……天啊……」里奇倒抽了一口氣。

我的額頭上立刻出現了一個金探子大小的凸起。這在一般情況下也不是很好，當你第二天早上要在霍格華茲餐廳拍攝一個大場景時，就更不妙了。

媽媽第一時間就打了電話到片廠：「呃，湯姆出了點意外……」

「好的，」一位長期受苦的製作人員回應。「情況有多糟？」

「嗯，沒有那麼明顯啦，」媽媽撒了謊。「只是頭上撞了一個小包……」

然而，隔天早上我走進梳化間，大家被嚇到一片寂靜。我看起來就像《湯姆貓與傑利鼠》（*Tom and Jerry*）卡通裡會出現的東西。一位造型師阿姨把我匆匆帶到椅子上，盡了她最大的努力，掩蓋我那可笑的腫包。但是那天在霍格華茲餐廳拍攝的每顆鏡頭都必須從我完好的一面去拍，這都要歸功於準頭不好的里奇以及接得很差的我。

所以規則被嚴格執行：不可以做任何危險的事。

但規則就是用來打破的，對吧？

這肯定是我在拍攝《哈利波特》初期的做法。我們最早的一次外景拍攝是在諾森伯蘭郡（Northumberland）的安尼克城堡（Alnwick Castle），我們在那裡和柔伊・瓦娜梅克（Zoë Wanamaker）飾演的胡奇夫人（Madam Hooch）拍攝了飛行課的場景。那場戲至少拍了三、四天，這段時間足以讓我和飾演丁・湯瑪斯（Dean Thomas）的阿爾弗・伊諾奇（Alfie Enoch）[25] 惹上許多麻煩。阿爾弗比我大一歲，是個聰明、有趣的傢伙。他有一位專業的陪同者，而不是他的父母或家人，而且他和我一樣喜歡玩滑板。當然，溜滑板是被嚴格禁止的，魯莽的小演員溜滑板可能會受嚴重的傷。不過，我還是設法在我的行李箱裡偷帶了一個。我很快就找到了有時會在荒郊野外發現的那種山丘，柏油路面

25 譯注：伊諾奇的名字為 Alfred，書中湯姆直接以小名 Alfie 稱之。

鋪得很完美。我說服阿爾弗，說我們可以偷偷溜走，去那邊玩滑板試試，這會是一個好主意。

那並不是一個好主意。光是想想，這個主意就注定會是一場災難，但我們才不管。我們飛快地爬上山丘，展示本領。我想我們是有概念的，我們沒有站在滑板上，而是像騎雪車一樣騎在滑板上。但當阿爾弗的陪同者發現我們從山丘上飛馳而下，用騎的是一點幫助都沒有，我們沒有考慮到自己的安全，也沒有考慮到如果受傷，可能會給電影添多少麻煩。她氣炸了，我們覺得自己非常丟臉，而我很快就被貼上壞榜樣的標籤。

我很想說那壞標籤是無稽之談，但事實上，也不是空穴來風。幾乎是一開拍之後，我們的人生就已經如戲了，我發現自己與傑米（Jamie）和喬許──克拉（Crabbe）和高爾──組成了一個小團體。由於王十字車站的熱可可爆炸事件，我和喬許在劇組已經打響了麻煩製造者的名號，但我們很快就受到另一種爆炸吸引。

我們當時在紐卡素（Newcastle）與其周邊地區拍攝，住在同一家旅館，這很棒，因為拍攝結束後我們可以一起玩。喬許透露他成功帶來一把仿真玩具槍的時候，我們都非常興奮。這是我媽媽永遠都不會讓我碰的東西，而媽媽是對的。它看起來和普通的手槍一樣，不過只能發射空包彈。雖然沒有子彈，但這依然不是你會想讓三個調皮青少年拿到的東西。當然，那也是刺激感的部分來源。

我們急著想開槍，但想不出一個好地方來用。旅館顯然不行，而就連我們也知道帶玩具槍靠近拍攝現場是很愚蠢的行為。最後，我們一直等到凌晨時分，才偷偷溜到附近一座多層停車場的地下一樓。那一層是空的，我們用倒推法考慮，那會是一個安全的地方，可以在不驚動任何人的情況下開槍，而且最重要的是，不會被抓到。

我們沒有考慮到聲學問題。

你只要去過那種停車場，就知道那裡的回音是怎樣的。雖然是空包彈，各位可以想像一下槍響。喬許把槍上了膛。我們做好準備。他扣了扳機，聲音震耳欲聾。響亮的聲音在整個停車場內迴盪。如果我們想低調地開槍，我們等於就是選了紐卡素最不適合的地方來做這件事。我們驚恐地盯著對方，因為槍聲的回音拒絕消退。聲音像霍格華茲餐廳裡的咆哮信一樣迴盪，揮之不去。

所以我們跑了。

我可能從來沒有跑得這麼快過。我們汗流浹背，上氣不接下氣，驚慌失措地衝出停車場，回到旅館，把自己關在房間裡。我很害怕有人看到我們，害怕我們會被檢舉，被帶到員警面前，或者更糟糕的是，被帶到製片大衛·海曼面前。那時會發生什麼事？我們肯定會被送回家，這一切肯定就要結束了？即使是克里斯．哥倫布，看到我們愚蠢的行為肯定會笑不出來吧？

冷冰冰的恐懼在我全身流動，我等著敲門聲，或者更糟的是，克里斯．卡列拉斯的哨聲。兩者都沒有出現。我們躲過了一顆子彈——幾乎是字面上的意思。我們再也不會蠢到在公共停車場開空包彈槍，但當人們做了壞事並逃過一劫時，他們之間會產生一種羈絆。跩哥、克拉和高爾在書上和銀幕上都是惹麻煩的三人組。有些人可能認為，至少在早期的日子裡，史萊哲林三人組在現實生活中更是糟糕。恕我不予置評。

11

片廠的一天

A Day on Set

賽佛勒斯・石內卜的香腸三明治

Severus Snape's
Sausage Sandwich

在各位的想像中，《哈利波特》片廠的拍攝或許充滿魔法光彩，或是能享受好萊塢明星級的待遇。

請容我戳破你的幻想泡泡。

別誤會了，在電影片廠當演員當然比上學來得好。不過我發現，現實和大多數人的期待有一段距離。

一般來說，片廠的一天會從早上六點我家的敲門聲開始。敲門的是吉米（Jimmy）〔我們都叫他豆哥（Crack Bean）〕，他擔任我的司機九年，總是開心又有活力地準備接我去工作。而我和一般的青少年一樣，大清早完全是開心與活力的相反。我會滿不情願地從床上東倒西歪地爬起來，抱著枕頭，像殭屍一樣走到車上——車子是深綠色的BMW 7系列，而且是我完全用不上的長軸距車型。在副駕駛座一坐穩，我就立刻昏睡，從我家一路睡一個半小時到片廠，然後吉米會讓我在深具代表性的五號門下車。

五號門通往更衣室、製片辦公室以及美術組。這是我見過最簡陋、最破舊的建築了，搖搖晃晃的老階梯、黏噠噠的棋盤格亞麻地板。外頭經常下著小雨，塑膠灰的天空也會提醒你這裡是英格蘭而不是好萊塢。仍然睡眼惺忪的我會去食堂吃點早餐，薯餅、焗豆這類高澱粉的英國食物最能餵飽青少年的肚子。然後，我會踉蹌地爬上搖晃的階梯，去製片辦公室領取我當天的對白本（side），這種小型的劇本包含當天的演出順序以及我需要知道的台詞。我讓負責製作和分發對白本的第二副導演很頭痛，因為我老是把它弄丟。

下一站：我的更衣室。去更衣室的途中會經過充滿驚奇的美術組，才華洋溢的美術人員圍坐著一張古靈閣風格的長桌，用黏土製作魔法世界的道具，或是建造精緻又精確的比例場景模型。過了美術組就是大衛．海曼的辦公室，被叫到那裡就像被叫到校長室一樣，通常是要討論重要的事情。丹尼爾、艾瑪、魯柏的更衣室都在一條走廊的盡頭，附近有一張乒乓球桌（題外話：艾瑪．華森小時候非常會打乒乓球）。我的更衣室在另一條走廊，門上的牌子寫著「踋哥．馬份」。依照慣例，門上寫的是角色而不是演員的名字。（拍攝第六集時，艾倫．瑞克曼把他門上的牌子換成「混血王子」。）如果你覺得我的更衣室應該是個超舒適豪華的小窩，你只要一踏進來，就會發現這個想法大錯特錯。那個房間很小，漆成白色，有一個金屬吊衣架和一張塑膠椅。我的霍格華茲長袍——或是當天需要的其他服裝——就掛在衣架上。我換上衣服之後，就會去弄妝髮。

《哈利波特》電影的妝髮造型是一項龐大的工作，造型師一天要處理二十到三十位演員，我每個早上都要在椅子上坐大約一小時，如果是每九天一次的補染髮根，那就要更久。有時候我這些都做完之後，最後當天的拍攝根本沒有輪到我。〔提摩西．司伯（Timothy Spall）[26] 有一次跟我說，他演戲不收錢，他領的是待機時間的薪水。〕我們必須到場準備好，以免有場次需要我們，不過這種情況也不多。有時這會讓人有點沮喪，不過對於飾演孚立維教授（Professor Flitwick）、妖精拉環（Griphook）的瓦維克．戴維斯（Warwick Davis）來說，情況更糟。他的妝髮需要花三、四個小時，卸掉要再花兩個小時。在椅子上坐很久，卻可能不會被叫到拍攝現場。

完成了全套的踱哥扮相，長袍飄逸，漂染的頭髮完美無瑕，然後就是上學時間了。哎呀，我要去的學校不是霍格華茲，而是另一條走廊的另一間白色房間，那裡有好幾位老師等著我們。法律規定，所有學齡兒童每天都應該上課至少三小時。這項規定以毫秒為單位精確測量，我們的上課時間是用碼表計時的。我們拿起筆的那一刻，碼表就開始計時，我們要去拍攝現場，把筆放下的時候，碼表就停止計時。即使是短短五分鐘的課程也會被算進三小時裡面，而這樣走走停停的過程很難讓學習有效。

也不是說我對有效學習特別有興趣，我討厭上課。但這和我的老師無關，我媽媽推薦之前在《安娜與國王》教過我的珍娜，她帶領了一個團隊，對我們盡心盡力。我的班上最多三個人，經常是和傑米與喬許一起，因為我們通常會拍同樣的場次。我的注意力總是不在課堂上，一接到通告需要走位，我馬上就出去了。

李文斯敦片廠有A到H八個攝影棚，八個都是巨大倉庫，裡面建有驚人的細緻布景。其中一個倉庫進了好幾噸的表土，而且種了真的樹木來打造禁忌森林（Forbidden Forest），另一個倉庫則有當時全世界最大的水池。如我之前提過的，霍格華茲餐廳是一個布景傑作，它位於H攝影棚，離五號門最遠，走過去要走很長一段路，不過幸運的話，可以搭到高爾夫球車。（我用滑板滑過去好幾次，甚至有一兩次嘗試自己開過去，每次都被罵得很慘。）一路上會經過無數的白色帳篷，技術人員和其他劇組人員在為當天的拍攝工作做準備。隨著電影一集一集拍完，路上到處會看到之前用過的布景道具，例如《神秘的魔法石》的大型巫師棋、天藍色的福特安格里亞汽車（Ford Anglia），以及——讓我印象最深刻的——當初排列在密室入口的巨大蛇頭雕像。那些雕像做得非常精細，栩栩如生，份量十足，走近一看才發現是保麗龍做的，幾乎沒有重量。其他的攝影棚擺滿了道具和小玩意，對哈利波特迷來說是夢寐以求的尋寶之地。

最令人印象深刻的布景是後面的電影才出現的萬應室（Room of Requirement），那裡滿是各種魔法世界道具，有盒子、箱子、樂器、地球儀、小瓶子、奇怪的動物標本，

26譯注：提摩西．司伯（Timothy Spall），英國男演員，坎城影帝；在《哈利波特》中飾演彼得．佩迪魯（Peter Pettigrew）。

還有堆到天花板的椅子和書本，歪歪斜斜，看起來隨時可能倒掉（但其實中間都有用鋼棍固定）。萬應室塞滿了各種珍奇物品，就像逛古董店一樣，但數量得以千計。在這個布景逛上一年可能都還看不完，真的很酷。

走位是將場次順過的排練過程，走位過後大家才知道正式拍攝要做什麼、什麼時候做，以及最重要的站位。這對導演和演員來說非常重要，因為有機會以不同的方式嘗試台詞、動作以及臉部表情。導演通常是讓我站在角落擺臭臉，或是在霍格華茲餐廳我的老位子上做自己。而大人演員有比較多的發揮空間，在過程中看著才華洋溢的表演家讓一場戲不斷進化，給了我很多啟發。文本神聖不可變動，但詮釋是自由的，場景也會逐漸生動起來。

走位過程對於攝影組來說同樣重要，因為一個場景可能有許多東西在移動，而他們必須規畫出需要拍攝的各種角度。我們的攝影組規模龐大，也有充分的時間，所以這是一個很複雜的工作。想像一下，我們在霍格華茲餐廳拍攝一個場景，可能會有開門的鏡頭、天花板的鏡頭，也會有主角三人組在葛來分多（Gryffindor）長桌、海格和鄧不利多在主餐桌的鏡頭。哈利和跩哥可能在起爭執，攝影機後面的天才們就要研究如何越過哈利的肩膀，拍到跩哥的反應。他們會在地板上放置小沙包，讓大家記得要站在哪裡。

眼睛要看的位置常常和自然的視線差很多，所以他們會在鏡頭周圍貼上小膠帶，讓我們知道要看哪裡。

走位完成之後，我們離準備好拍攝仍有一段距離。有時候場景打光要花上兩三個小時，而且我們小孩子除了得滿足上課時數，法律也規定我們在拍攝現場一次只能待多久——沒錯，這邊也有人拿碼表計時。所以我們有時候要打包回去上課，拍攝現場就由替身接手。替身演員並不完全是長得跟我們非常像的人，而是和演員的身高、膚色相近。他們會在調整場景打光的時候重現我們的動作，我們就要長途跋涉回到珍娜和其他老師那邊，面對顯然沒那麼好玩的代數或其他課程。碼表一按，我們又回到課堂上，直到拍攝現場那邊準備好讓我們開始拍攝。

午餐時間我們會去食堂，這一向是段有趣的時光。我們沒有以工作區分，所以一位電工師傅可能會和女巫、妖精、攝影師、木工師傅和海格一起排隊領午餐。隨著電影一集一集進展，我們的拍攝日程變得更加繁忙，尤其是丹尼爾、艾瑪和魯柏，午餐通常會直接送來給我們以節省時間。然而，每一天你都能看到艾倫・瑞克曼穿著全套的石內卜飄逸長袍，拿著托盤，在食堂跟大家一起排隊領午餐。我從第一天開始就有點怕艾倫，我花了三四年的時間，才能在看到他的時候，擠出一句高音又略帶驚恐的「嗨，艾倫！」。不過見到艾倫全套石內卜裝扮，耐心等著拿香腸三明治，的確讓我稍微比較不怕了。

片廠的一天中，經常會有人來參觀，參觀者通常是小朋友，而且大部分的參訪是為兒童慈善機構募款。艾倫．瑞克曼幫他支持的慈善機構申請最多參訪，我覺得他幾乎每天都有一個團體來訪，而且他最了解小朋友在《哈利波特》片廠想要看到什麼。參觀者對於見到丹尼爾、魯柏、艾瑪或是我，都不是很感興趣。他們想見的是角色，他們想要戴哈利的眼鏡，和榮恩擊掌，和妙麗擁抱。由於丹尼爾、魯柏和艾瑪在現實生活中相當符合參觀者對於角色的想像，他們三人從不令人失望。對於我們史萊哲林而言，情況就不一樣了。我之所以拿到跩哥的角色，部分的原因可能是我們有相似之處，但我希望我並沒有那麼像跩哥，不至於對一群緊張又興奮的小朋友態度很差。於是，我會滿臉笑容跟他們打招呼，盡可能展現友善熱情。「大家好！玩得開心嗎？你們最喜歡的是哪個布景？」哎呀，我真是大錯特錯。他們每次都是一臉震驚和困惑，毫無例外。跩哥當好人就像榮恩當混蛋一樣，令人十分反感，他們不知道該如何看待這件事。而艾倫完全了解，雖然這些訪客可能想見艾倫．瑞克曼，但他們更想見的是賽佛勒斯．石內卜。每當他見到這些小朋友，他都會提供全套的石內卜體驗。他會打一下他們的側臉，用拖長音的簡單幾個字叫他們把……襯衫……紮進去！那些小朋友張大眼睛，被嚇得很開心，這真的很可愛。

隨著時間過去，我了解到，有些人很難區分事實與虛構、幻想與現實。這有時有點令人難受，但我希望我那時有艾倫的自信，在李文斯敦片廠的那些見面參訪上能夠繼續入戲。艾倫那樣做，毫無疑問地讓許多人度過了快樂的一天。

12

粉絲

Fans

如何（避免）成為大混蛋

How (Not) to Be a Real Dick

萊斯特廣場歐典電影院。

當然，我以前也在這裡參加過首映會，當時艾許和金克博得滿堂彩，我是說，吐得滿身是。因此，對我來說，《哈利波特》電影的第一場首映會並不是完全陌生的場合。我和家人乘坐幾輛黑色計程車到場。我穿著西裝，打著領帶，襯衫沒紮，最上面一顆鈕扣也沒扣起來（這讓我外公很不高興）。雖然群眾很興奮，我還是讓自己去享受粉絲、照相機與整體的混亂。不過，電影結束後，當我們正要離開時，一個小孩子跑到我身邊。我猜想他是片廠某位大人物的兒子，看起來頂多五歲，他和我對峙，眼中充滿了憤怒。

外景　萊斯特廣場歐典電影院　夜

小孩：嘿！你是跩哥嗎？

湯姆：呃，對啊。

小孩：（氣憤）你這個大混蛋！

湯姆：（困惑）嗄？

小孩：我說，你這個大**混蛋**！

湯姆：等等……什麼？

小孩：滾啦！

小孩義憤填膺地轉身離開湯姆，消失在人群之中。湯姆抓抓他的頭，想不透剛才發生什麼事。

我那時不懂，他為什麼要找我麻煩？我做錯了什麼？他是在批評我的演技嗎？我轉過身，看到外公在笑，我才意識到這是一件好事。他解釋說，那個男孩應該要恨我。如果一個五歲的孩子對我的演出有這種直覺反應，這表示我一定做對了什麼。我恍然大悟，我越是個混蛋，小朋友越恨我，就越是有趣。

我當時沒有完全理解的是，某些粉絲無法將湯姆這個演員和跩哥這個角色給區分開來。一個五歲的孩子分不清，這是可以理解的，但比較年長的人還分不清，可能就有點難懂了。早期在美國的一場首映會上，有一個女人帶著冷酷無情的眼神向我走來。

外景　紐約市時報廣場　夜

冷酷的女子：你為什麼對哈利**這麼**壞？

湯姆：（有點措手不及）不好意思，妳說什麼？

冷酷的女子：你就不能別對他這麼**壞**嗎？

△湯姆向旁邊瞥了一眼，顯然在思考他是否能快速逃離現場。但沒辦法，他被困住了。

湯姆：呃，妳在開玩笑，對吧？

△說錯話了。女子的眼神變得更加冷酷，她瞇起眼睛，嘴脣抿得很薄。

冷酷的女子：我**沒有**在開玩笑。你用不著對一個失去父母的可憐人這麼惡毒！

△湯姆張開嘴，然後又閉上了。

他再次開口時，小心翼翼地選了他的用詞。

湯姆：對。好，妳說得對。我，呃，未來會盡量善良一點。

△這就是女子想聽的話。眉頭緊皺，她滿意地點點頭，轉身背對湯姆，跺腳離開。

有些人容易把角色和演員混為一談，這在某種程度上是一種恭維。我不希望以任何方式誇大我對《哈利波特》世界的貢獻，以及《哈利波特》對人們生活的影響。如果那天我沒有去試鏡，其他人也會得到這個角色，他們也會演得很好，整個製作也會大體相同。但是，當我發現我的表演讓大家對這個角色的想法更加具體明確，我也會感到欣慰，即使這代表有人偶爾會將幻想誤認為現實。

我學到，有時候不要破壞魔法是很重要的。幾年來，我會受邀參加一些漫畫展(Comic Con)。粉絲聚集在一起，慶祝他們對各種電影、小說、流行文化的熱忱。在我最早參加的一個會場上，那時十六歲的我坐在幾千名觀眾面前，回答關於《哈利波特》的問題。大禮堂中間有一條排隊的隊伍，大家都在等著拿麥克風向我提問。輪到一個全身打扮成妙麗的小女孩，由於她不夠高，她的媽媽幫忙拿著麥克風。她睜大眼睛，問我：「騎著掃帚飛是什麼感覺？」

我馬上告訴她真相。「超級不舒服，」我說。「基本上，我是被綁在金屬桿上的腳踏車坐墊上，而我也因此有可能沒辦法生小孩了。」我的回答引起了一陣笑聲，但我看到小女孩眼神中的魔法正在消逝，我馬上知道我說錯話了。第二天，另一個小妙麗也提出了同樣的問題。「騎著掃帚飛是什麼感覺？」

我已經學到教訓了。我身體向前傾，心照不宣地對她眨了眨眼，我說：「妳十一歲了嗎？」

「還沒。」

「所以妳還沒有收到入學信囉？」

「還沒。」

「妳就等著吧，」我告訴她。「妳就等著吧。」女孩的表情亮了起來，我也可以感覺到觀眾的一股興奮之情。現在每當有人問我這個問題（相信我，還是有人會問），我都會這樣回答。

第一集電影上映後，我開始透過片廠收到粉絲的信件。現在，粉絲們會在社群媒體和你互動，但在以前那時候，大家是用實體信件。我幾乎馬上就開始收到一袋袋的信件。當然，我的粉絲信並不像丹尼爾、艾瑪、魯柏的那麼多，我相信華納兄弟有一個專門的團隊來處理他們三位的信件。但我的信件也很多。我媽媽會先審查信件，確保沒有任何攻擊性或淫穢的內容，然後我再花時間把每封信都讀過。相信我：作為四兄弟之中的小弟，我絕對不會被粉絲信件給沖昏頭。（克里斯：「誰他媽的會寫信給他啊？」）對於我收到一袋袋的信，我家沒有人覺得好厲害或是好特別。我很感激這一點，因為讀了上百封讚美自己的信件之後，可能會讓某種環境中的某種人變成某種白癡。不過，我確實花了很多時間讀信，至少一開始是這樣。我覺得既然大家花時間寫信給我，如果忽視那些信件就太不ＯＫ了，我能回幾封就回幾封信。然而，後來這個負擔變得太重，信件的數量令人難以承受。我媽媽有研究要不要花錢請人管理粉絲信件，但那不可行。因此，隨著跩哥知名度提高，我處理信件的能力也在下降。

我讀到的大部分信件都很溫馨。有些信件在文化上對我來說很陌生，例如日本的粉絲偶爾會寄給我銀湯匙作為幸運符。所以，如果你缺湯匙，找我就對了。無論是什麼國家來的糖果或和巧克力，媽媽都不會讓我吃，以防中毒。然而，有一封特別奇怪的粉絲信件讓我現在還記得。美國有一個傢伙把他的名字正式改為魯休思・馬份（Lucius Malfoy），他的房子改叫馬份莊園。他希望我改名叫跩哥・馬份，去和他一起生活。我媽媽代我友善地拒絕了這個提議。（克里斯：「不要啦，把他送走嘛！」）這在當時看起來很有趣，我們家當然都笑了一陣。事後我才意識到，那或許有那麼一點點讓人不舒服。

那還只是接下來眾多離奇事件中的一件。有一天，一個西班牙家庭——兩個家長和兩個小孩——出現在我的麻瓜學校。他們直接走進學校，開始找我。當然，他們很快就被送走了，我離開學校的時候也被警告要小心一點。誰知道那家人有什麼打算或是期待，但總之我那天騎腳踏車回家騎得比較快一點。

我必須讓這樣不尋常的童年正常化，否則我會瘋掉。在某些方面，我並不覺得這很難。由於我天生的英式內向，即使到了現在，只要有人接近我並說：「你是湯姆．費爾頓嗎？」，我都會有點吃驚。我會想那是怎麼回事，怎麼認出我的？當然，我總是有三個哥哥來提醒我，我是一條小蛆。還有，我也明白粉絲的感受。我也有崇拜的人，而我在身邊的人身上也看到了粉絲的心情。有一次，我和魯柏一起為慈善團體喜劇救濟（Comic Relief）拍攝短劇。那齣短劇眾星雲集——詹姆斯．柯登（James Corden）、綺拉．奈特莉（Keira Knightley）、里奧．費迪南（Rio Ferdinand）、喬治．麥可（George Michael）等等——但最大焦點是保羅．麥卡尼爵士（Sir Paul McCartney）。媽媽是保羅爵士的大粉絲，所以我問他能否讓我媽媽來見個面。他很大方地答應了，於是我去找我媽媽說：「妳的機會來了！」我帶媽媽過去打招呼，但在最後一刻，因為太接近偶像，她反而打了退堂鼓。保羅爵士來找她，但我不得不委婉拒絕。「抱歉，老兄，你們得改天再見面了。」

不過，隨著時間的推移，電影的知名度越來越高，粉絲世界在某些方面也令我感到更為棘手。別誤會了，如果我和陌生人的偶遇對他們來說是一樁大事，被認出來也會奇妙地令我興奮。但同樣地，這也會讓我感覺格格不入，尤其是身邊有圈外人的時候。有一件事讓我記憶猶新，當時我大約十七歲，我在希斯洛機場（Heathrow Airport），準備和我當時的女朋友飛往美國。等待航班時，我們溜進一家商店買零食，一分鐘後，我感到一股熟悉的刺癢感，有人在盯著我看。我轉身，看到一群共十九個（我們數過了）外國女學生盯著我。她們都用手捂著臉，瘋狂地傻笑。我立刻發覺到自己在扭動，我拿起附近的一本編織雜誌，試圖避免眼神接觸。她們很明顯已經認出我了，而更明顯的是，我並沒有在研究鉤針編織的圖案。這是我記憶中第一次有粉絲善意的舉動讓我感到不自在。被一群想摸你衣服的人包圍是一種窘迫的局面，但不僅如此，機場裡有成千上萬的人。一個人認出我，然後是兩個人，然後是四個人，這種連鎖反應很快就會失控。那些女學生很幸運，我媽媽不在現場——人們圍著我的時候，她的脾氣會比較差。我和粉絲們合照，她們散去了，留下我和我的尷尬、解脫、滿足感，種種情緒奇妙地混雜在一塊。我開始了解到，名聲是一種奇異的毒藥。

至於其他粉絲，過去和現在都有人更加執著、鍥而不捨。他們以一種奇怪的方式成為你生活的一部分。你和他們會發展出某種關係，而我認為值得花時間了解為什麼我和劇組其他成員會成為他們的焦點。有一位英國女士，無論我去哪裡，她都會有如魔法般地出現——到現在依然如此。我第一次注意到她，是在巴黎的一次媒體參訪，她向我要了簽名，而從那天起，她就彷彿無所不在。就算我在某個活動開始前半小時才答應出席，她也不知為何就會出現。她是怎麼知道我會去的，我不清楚。在早期，我認為這是非常不健康的。當然，只要那位女士有任何出現的可能，我媽媽就會怒沖沖地保護我。然後，有一天，她在一場活動外面站了四個小時，只是為了給我一張卡片，告訴我她對我的狗狗小樹（Timber）去世感到非常遺憾。這是一個善良、發自內心的舉動，這讓我重新評估了我對她的看法。最後，我去她家拜訪，得知她從來沒有自己的孩子，而在她的心中，她有點像是收養了《哈利波特》的孩子。無論如何，由於我是唯一願意與她打交道的人，她對我情有獨鍾。這是一個很不尋常的情況，但也提醒我們這些故事和電影在人們生活中的重要性。

身為踋哥．馬份的演員，我把自己看作是人們記憶中的一個標記。看到我，他們就被帶到了另一個時間地點，就像聽某些歌曲會勾起回憶一樣。我見過一些粉絲，他們說這些小說和電影幫助他們度過了低潮。這是一個令人謙卑的事實。羅琳曾經說過，當她得知她的作品幫助某人度過了生命中艱難的時刻，那就是最令她欣慰的了，而我也同意。當然，時不時會有人看到我，做出不尋常的反應，但這些反應是來自故事和電影在人們心中的地位，我努力記著這點，並相應地採取行動。踋哥表現得像個大混蛋，但這並不代表我必須那樣。

但同時這也很困難。

當年我二十五歲，和一些朋友在加州的托潘加海灘（Topanga Beach），那是我第一次衝浪。我的高手朋友們正在告訴我如何衝浪：要尋找什麼浪、如何站到衝浪板上，各種技術性的東西。我並沒有在聽。我心想，我只要等到我感覺衝浪板在動，我就站起來，試試看就對了。第一道浪來了。這個浪的大小還行。我站在衝浪板上，保持平衡，一路滑進去。衝浪這回事很容易嘛！

並沒有。接下來的五道浪讓我像在洗衣機裡面轉不停。我吞了一品脫(五百多毫升)的海水，因為我發現在水下轉來轉去，不知道哪邊是上，哪邊是下，會讓人失去方向感，相當可怕。慘敗的我從水中爬到沙灘上，把剛才吞下的海水吐出來，然後揮手趕走了關心我的朋友們。給我一點時間，好嗎？

然後我看到了她們。有兩個年輕女子，站在離我大約二十公尺處，拿著相機，指著我並互相說著悄悄話。我心想，現在不行。拜託，現在不行！但她們靠近我了，有點膽怯，我看得出來她們想說什麼。我知道她們想要什麼，接下來我搞笑大失敗。我站起來，揮舞手臂。「好了！」我喊道。「來吧！妳們哪位想合照？」

兩位年輕女子互相看了對方一眼，那是一個有點微妙的眼神。但果然，她們其中一個人舉起了相機。「那就來吧，」我說。「我懂的。」

她們再度微妙地看著對方，然後看向我。接著，其中一個人用義大利口音的英語支支吾吾地說：「和衝浪板一起？」

「當然！都好！妳可以跟我和我的衝浪板一起合照！」

她們搖搖頭，膽怯地把相機遞給我。然後我才意識到，她們根本不知道我是誰：她們只是想請我幫她們和衝浪板拍照，作為她們加州之旅的紀念。

我那天太自以為是了，這是肯定的。我也學到兩個重要的教訓。第一：以為是敗事之母。第二：衝浪真的好難。

13

如何騎掃帚

How to Fly a Broomstick

黃蜂與膽小鬼

The Wasps and the Wimp

騎著掃帚飛是什麼感覺？嗯，如果你已經讀到這裡了，你就知道這是一個複雜的問題。你應該有讀到，我很早就學會不要在漫畫展上毀了孩子們心中的魔法。如果你希望你記憶中哈利與跩哥的魁地奇比賽，就如銀幕上的對決一樣充滿魔法，請容我溫柔地建議你跳到下一章。

我們最早的一次外景拍攝是在安尼克城堡，我在那裡和阿爾弗．伊諾奇玩滑板滑雪障礙賽，身陷棘手的局面。那也是我們第一次使用掃帚拍攝。柔伊．瓦娜梅克飾演胡奇夫人，霍格華茲的一年級新生正在上他們的第一堂飛行課。

課堂上不僅是胡奇夫人和一年級學生。那天是溫暖的晴天，在厚重的化妝品與髮膠氣味的吸引下，成群的黃蜂對我們產生了興趣。更明確地說，黃蜂是對我產生了興趣。跩哥的髮型需要每天塗抹一整罐髮膠。我的金髮是如此僵硬，彷彿是戴著一頂克維拉(Kevlar)防彈頭盔。而對黃蜂而言，髮膠可能就像是草莓果醬。牠們超愛的。在此我要全面披露：遇上黃蜂，我就是個膽小鬼。雖然跩哥在這場戲可能表現得很酷，但在鏡頭之外，我像一條上岸的魚四處掙扎，逃離黃蜂，尖叫著試圖把牠們拍走。(當然，大家越笑我的荒唐，我就越大肆渲染我明顯的窘迫，這也不是不可能。)

胡奇夫人來解圍。胡奇夫人刺刺的頭髮也需要和我一樣多的髮膠，所以柔伊．瓦娜梅克也遇到同樣的問題。她提供我一個策略來處理這個問題。「你只要重複『綠樹』(green trees)這兩個字，」她說。

嗄？

她解釋說，黃蜂不會傷害我，我需要的是在牠們周圍能夠放鬆的方法。重複唸她的「綠樹」咒語是一種方法。因此，看踘哥那場戲的時候，你可以想像我在腦海中默默地重複著那兩個字，黃蜂繞著我硬梆梆的頭髮打轉，而我盡全力忍著不尖叫。

處理完黃蜂後，學生們面對面站成兩排，掃帚放在地上。在胡奇夫人的口號之下，全班都發出了「上來！」的指令，讓掃帚跳到了他們的手中，雖然每個人的成功率不同。當時的做法是，如果魔法或任何特效可以在現實中實現，那就是最好的方法。這在早期尤其如此，因為當年的視覺特效團隊所掌握的科技還沒那麼先進。因此，當鏡頭對準兩排學生的中間，你沒有看到的是趴在每支掃帚後面的人，他們用一種類似蹺蹺板的裝置，將掃帚抬離地面，甚至還能讓掃帚稍微飄動一下。

實際要騎掃帚飛行，就需要更多的巧思了。操作蹺蹺板的工作人員是沒辦法讓我們飛的。飛行的場景都是在攝影棚完成。想像一下，那是一間被藍色帆布——後來幾年是綠色的——包起來的大房間。掃帚是一根金屬桿，上面裝有一個非常不舒服的腳踏車座墊。

有馬鐙給你的腳踩，還有防止你摔落的安全吊帶，工作人員會把你綁在桿子上，這樣你就不會掉下來。他們還有一個更精巧的蹺蹺板裝置，可以讓你上下左右移動。他們會對著你的臉開風扇，讓你的頭髮看起來好像隨風飛揚。由於背景會數位後製上去，而你所有漂亮的掃帚動作也都是後來才會被剪輯進去，所以每位球員在拍攝的時候，一定都要看著正確的方向。為了確保你視線的方向正確，會有一個人舉著長杆，杆子上端有一顆網球，上面有一小段橘色的膠帶。第一副導演喊「龍！」或是「搏格（Bludger）！」[27]的時候，你必須看著網球，想像它就是，嗯，一隻龍或一顆搏格。有時上頭會有不止一顆網球，而由於網球長得都很像，一陣子之後，他們就給了我們更專屬於自己的東西來盯著看。我們選了與自己心心相印的東西或是人的照片。丹尼爾・雷德克里夫（Daniel Radcliffe）選的是卡麥蓉・狄亞（Cameron Diaz）一張特別漂亮的照片。我選的照片是更漂亮的一條鯉魚。我是說，這沒啥好比的吧……

拍攝魁地奇球賽或是其他大型掃帚場景是一場緩慢、艱苦、屁股發麻的過程。攝影機後面的天才們必須以令人難以置信的精確程度工作。他們會先拍攝背景作為參考，然後再拍攝騎掃帚的演員，這樣就可以將一顆鏡頭疊加到另一顆鏡頭上。兩顆鏡頭的攝影機動作必須完全一致，為了實現這個目標，似乎總是有很多人在操作攝影機和電腦。我不知道他們在做什麼——我就只是坐在金屬桿上，臉上吹著風扇，盯著一張迷人的鯉魚照片——但我知道，即使是最短的一個片段，似乎也要花很長時間才能完成。那樣的拍攝日結束的時候，我們都明顯感到胯下痛。

身為小孩子，我們非常想要做特技動作，能做多少就做多少。我對自己在《寄居小奇兵》中的特技仍有愉快的回憶。令人驚訝的是，我和那根平衡木發生的小小不愉快居然還沒有打消我對這種活動的熱忱。當然，我們那時做的特技應該是比現在會允許我們做的多很多了。在《消失的密室》（*Chamber of Secrets*）中，哈利和跩哥站在霍格華茲餐廳的桌子上進行決鬥，在這個場景中，我們必須創造一些鏡頭，讓哈利和跩哥用咒語擊中對方，而其中一個咒語將我射到空中，讓我旋轉起來。這全都是在現實中實現的。我穿著全身安全吊帶，背後連著一根鋼絲，在我身上纏了好幾圈。給鋼絲狠狠一拽，跩哥就會旋轉起來。我還記得，當時我覺得這很酷。當時現場可能有一百位臨時演員，而

27 譯注：《哈利波特》魔法世界中，魁地奇運動使用的一種球，它們會試圖將球員從掃帚上面撞下去。

我在桌子上做我英勇的特技表演。先別管這是件痛苦的工作，也不要介意這讓我在鋼絲摩擦的地方留下了嚴重的瘀傷。對於有點狂妄的青少年演員來說，這是一個很好玩的時刻。特技表演很酷，對吧？

嗯，也是，也不是。

絕大部分的特技動作並不是我們完成的，而是特技團隊。為了製作電影，只為讓觀眾獲得娛樂，而將自己推向極限的那些男男女女，對他們我只有敬意。基本上，每次你看到有人從掃帚上摔下來，或著從高處跳下去，或被猛打一頓，那幾乎一定是特技團隊的人，而不是我們演員。在決鬥的場景中，我可能覺得自己很厲害，但事實上，絕大部分的負擔都落在特技演員身上。他們似乎花了很多時間——尤其是在《消失的密室》中——操作一種叫做俄羅斯鞦韆（Russian swing）的設備。可以想像一組普通的遊樂場鞦韆，但規模更大，而且把繩索換成金屬桿子。特技演員站在平台上，來回擺盪，直到擺盪的弧線拉到最長。然後，在弧線的最高點，特技演員高高地跳到空中，落到防撞墊上。看起來很有趣，但這絕對是專業人員的工作。而那些專業人員之中，和我共事最多的就是無敵的大衛・霍姆斯（David Holmes）——我們都叫他霍姆仔（Holmesey）。

霍姆仔從第一集開始擔任丹尼爾的特技替身，從第二集開始也是我的特技替身。哈利和踋哥的各種冒險不斷，這也代表他一直很忙。他經常在上午扮成哈利做特技表演，然後去吃午飯，下午再回來扮成踋哥做特技表演。他從很小的時候就是奧運標準的體操運動員，你在任何鏡頭看到我或丹尼爾顯然在做一些危險動作的時候，你可以篤定那其實是霍姆仔。在《死神的聖物》(*Deathly Hallows*) 的拍攝過程中，我們深刻地體會到，特技表演不是可以天真看待的工作。

特技演員盡其所能，將工作的風險降到最低。但他們沒辦法完全去除風險——沒有任何百分百安全的方式可以讓你從高處墜落，或是被汽車撞——而且不可能預想到意外事件會發生。這正是我們在《死神的聖物》拍攝期間發生的情況。當時霍姆仔和團隊其他成員正在排練一項特技，他要在空中飛，然後撞到牆上，身著安全吊帶，被一根高強度的鋼絲吊著。事情出了差錯。鋼絲把他往後拽，霍姆仔撞到牆上的力道比計畫的要大得多，最後他摔到下面的防撞墊上。他立刻意識到出事了，急救人員急忙將他送醫。他在醫院得知自己腰部以下癱瘓，手臂的功能非常有限，而且終生都將如此。

當然，參與製作電影的每個人都憂心如焚。想像一下，你原本是能夠當場後空翻的體格，結果躺在醫院病床上，被宣告永遠無法再行走。當然，這是特技演員每天工作都要冒的風險，但當意外發生時，現實一定極其震撼。比霍姆仔軟弱的人可能會被這件事打倒，他現在的生活顯然非常艱難。但他是我有幸認識最勇敢、意志最堅定的人。他有一顆獅子般勇敢的心，也仍然是我最親密、最親愛的朋友之一。他住院的時候，片廠給他送了食物，這讓他病房裡的其他病人很是羨慕。於是，霍姆仔堅持片廠應該送飯給病房裡的所有人吃——要嘛大家都能吃，要嘛就都不要吃。這就是霍姆仔，徹頭徹尾的霍姆仔。儘管他面臨許多挑戰，他仍然繼續給我們帶來許多歡樂，而他想要盡可能正常、積極生活的那股決心也激勵著我們。他不倦地為救了他一命的醫院募款，並開了自己的製作公司。他的故事不斷提醒我，電影拍攝現場的特技演員應該得到更多的讚譽。演員可能會備受吹捧，但往往是特技演員讓我們看起來很厲害，而霍姆仔是特技演員之中最好的一個。他是一盞明燈。

為了表達對霍姆仔的敬意，我們現在每年都會舉辦史萊哲林對葛來分多的板球比賽，為治療霍姆仔的皇家國立骨科醫院（Royal National Orthopaedic Hospital）募款。我和雷德克里夫是兩隊的隊長，而霍格華茲學院之間的舊怨絕對沒有因為歲月而減少。我真的不用說，也知道哪個學院領先，對吧？

14

兩者兼得

The Best of Both Worlds

掃帚星

Broomstick Prick

當踐哥並不酷。

丹尼爾、艾瑪、魯柏一被選上，他們的人生就改變了。他們離開學校，而從那時開始，《哈利波特》就是他們的人生。無論好壞，他們都被包在一個泡泡裡，幾乎是不可能度過正常的童年了。對我來說，情況並非如此。我是上工一周、上學一周，不像他們是持續不變的。在《哈利波特》之外，我上了一所正常的學校，有正常的朋友，並且非常努力地想成為一個正常的青少年。

也許你認識一些正常的青少年。也許你正是一位正常的青少年。如果是如此，那你也知道，被歸類為奇怪的人並不是一件好事。沒錯，由於我漂染頭髮、經常缺課，當踐哥並不酷。對學校走廊上的很多人來說，我是哈利波特手槍俠（Harry Potter Wanker）。我是掃帚星（Broomstick Prick）[28]。

因此，也許我有點矯枉過正了。我開始使壞。我青春期之前的厚臉皮，已經發展成了更具破壞性的東西。別忘了，我已經從一所學術至上的私立貴族學校轉到了一所普通的學校，在這裡，你的酷指數取決於你取得香菸的能力，或是你在滑板或ＢＭＸ極限單車上的實力。我開始抽菸，而且我也已經告訴過各位我在ＨＭＶ的越軌行為了。我並不是學校裡最皮的孩子，遠遠不及，但我確實覺得需要用一點正常的生活來補償我另一邊的生活。我上學經常遲到，每次都把體育課翹掉，或者騎腳踏車去買糖果。通常我都能逍遙法外。我的行程常變動——經常因為拍戲而不用上課——所以老師會以為我是去做正當的事了。我在班上的時候，也遠遠不是模範學生。我不覺得我很糟糕啦，不過我總是在課本上塗鴉，和朋友聊天，或是惹老師生氣。我會在口袋裡放一台MD(MiniDisc)隨身聽，耳機線沿著袖子牽到我的手腕。這樣我坐在教室裡，把臉頰靠在手掌上，就可以聽音樂了。我認為這是天才之舉，我的老師則持不同看法。我記不清有多少次了，老師會氣急敗壞地說：「你每次都要辯到底啊，費爾頓。」然後，因為我真的要辯到底，我會回答說：「當然啊，老師！」搭配一個我希望是迷人可愛的微笑。

問題是，你長越大，你的厚臉皮就越不可愛。我現在明白了，消失好幾周去拍片，又帶著這種態度突然回來學校，這肯定會讓老師覺得我很傲慢。老師們沒有給我任何特殊待遇。恰恰相反。我記得有一次我又堅持辯到底，老師就羞辱我，嘲笑我的髮色，問我是誰在我頭上打了一顆蛋。你可能會認為，我在戲劇課應該會表現得很好，但我也會搗亂。要我到大型電影片廠，假裝我是巫師，騎掃帚飛來飛去，讓電扇吹著我的臉，看

28 譯注：Broomstick Prick 字義上比較接近「掃興鬼」，見不得別人開心的氣氛破壞者。但同學會這樣嘲笑他，是因為他是騎掃帚的人，所以譯為掃帚星。

人用杆子揮舞網球，我沒問題。那是在一個安全的環境中進行的，周圍都是志同道合的人，也絲毫不會影響我的社會地位。但是在戲劇課上，你要在很多青少年面前演戲。如果你做錯了，他們會嘲笑你，如果你做對了，他們也還是會嘲笑你。這和片廠就完全是兩碼子事了。我的自我防禦直接架起來。想當然，從外面看，我就像一般青少年的不屑態度。我相信我的老師們都認為我是在給他們全套的跩哥嘴臉，但情況比這更複雜。我的戲劇課拿到一連串的D，不及格（不過還是有一位戲劇老師開玩笑地問我，能不能幫他在電影中安排個角色）。

於是，我在學期間沒能贏得老師的尊重，也許只有一個例外。每位學生生命中都需要一個鄧不利多。對我來說，那就是校長佩恩先生（Mr Payne）。他上任的第一個學期開始時，我錯過了幾周的課程，所以我沒有見過他。有一天我們在上音樂課，他來敲門，我和我朋友史蒂維正坐在鍵盤前，編著我們自己的歌曲。他說有事找我。我跟著他離開教室，不確定為什麼我會被校長叫出來。這並不是什麼壞事。「你過去幾周都沒有來學校，」他說道。「我是佩恩先生，到你畢業之前，我都會是你的校長，所以我想自我介紹一下。」

我立即伸出手說：「我是湯姆．費爾頓，很高興認識你。」

這顯然不是他所預期的回答。習慣花很多時間和大人相處，一隻腳踏入不同世界的孩子才會這樣回答。試圖讓他卸下心防的孩子才會這樣回答。他絕對可以忽略我這個舉動，或者認為這個舉動完全不合宜。但他沒有。猶豫了一會兒之後，他與我握手並微笑。

他之後也還是帶著微笑，即使我因為違規行為而被帶到他面前，而我經常違規。他總是很公平，從不挖苦別人。他有無盡的耐心，並樂於分享他對他的學科（數學）的熱愛。他與其他老師不同，他把我當成一個年輕的成年人。也許他明白，我的行為並不是因為想給別人添麻煩，而是因為我無意識地需要把一些正常的東西加到我的生活中。也許他只是一個好人。我所知道的是，他在那時對我的生命產生了定錨效應（anchoring effect）。我經常想，我很想回到過去，以成年人的身份再次和他握手。佩恩先生，如果你在看這本書，謝謝你。

「正常」是我的目標。並不是每次都可以實現。

我和一些朋友以前會去我家街道走到底的春泉（Spring Grove）的兩個池塘釣魚。

那些池塘裡沒有什麼魚，但那並不是重點。那是一個可以閒晃的地方，可以偷偷抽菸，如果我們幸運的話，偶爾還能釣到鯉魚。我經常告訴我媽媽，我去朋友家過夜，朋友也會這樣說，而我們實際上會在池塘邊過夜，帶著我們的釣竿、香菸和一罐噁心的冷午餐肉罐頭作為糧食。簡直是活在夢裡。

有一天晚上，我和三個朋友在那裡。我們的釣竿已經拿出來了，已經準備好過夜，就像我們之前的任何一次一樣。我們正在輕鬆聊天，一起玩鬧，這時我突然聽到遠處有聲音，而且聲音越來越近。幾分鐘後，大約四十個孩子進入了我們的視線。我覺得胃裡好像有一塊冰。我不認識這些孩子——他們可能比我大個一兩歲——但我有足夠的街頭知識，看得出他們的意圖。他們是當地一群無聊年輕人組成的暴徒，會在街上搶劫、製造麻煩來尋求消遣。他們走近時，我本能地知道，如果他們發現遇到了掃帚星，他們會覺得中了大獎。那樣的話，我就真的有麻煩了。他們的行為舉止都告訴我，他們是來打架的。他們四十個人對付我們四個人，我不喜歡這種勝算。

我低著頭，試圖躲在朋友身後。我想，在這樣的情況下，他們不會想和哈利波特手槍俠有任何關聯，他們會盡量讓我遠離暴徒的視線。

我猜對了一半。他們當然不希望和我有關聯。

在我搞懂發生什麼事之前，我的三個朋友就逃之夭夭了。簡直不敢相信。幾個男生撿起我的釣竿，扔進湖裡，這時其他人已經發現我是誰了。我想跑，但我太害怕，腳好像在地上生了根。兩個男生悄悄走到我身邊，開始推我。他們手上都拿著點燃的香菸，於是把燃燒的菸頭戳到我的臉上，這讓其他暴徒覺得很有趣。這聽起來很戲劇性——事實的確很戲劇性——但更糟糕的是，一股壓抑住的暴戾之氣似乎在暴徒四周蠢蠢欲動。即使我有力氣逃跑，他們也會撲上我，抓住我漂染的頭髮，把我的臉往泥巴裡面輾壓。暴徒之中更大的一群人離我越來越近。我試圖後退。他們繼續前進，而我在泥濘中滑倒，踉踉蹌蹌，為即將到來的厄運做好心理準備。

然後，從我身後某處，我聽到汽車急剎的刺耳聲音。我焦急地瞥了一眼，看到了我哥哥克里斯的小寶獅（Peugeot）汽車。我沒有打電話給他。他不知道我在哪裡，也不知道我遇到麻煩了。他的出現完全是偶然的，而我這輩子從來沒有這麼高興能見到其他人。他下了車，立刻被幾個暴徒包圍。克里斯很有存在感，他頂著光頭，戴著耳環，一出場就對這幫人產生了立即的影響。他們怯生生地失去了給我找碴的興趣，讓我趁機踉蹌地退後，把距離拉開。克里斯走了過來。雙方說了一些話。我聽不清楚他用他輕柔的聲音說了些什麼，時至今日我也不知道。我所知道的是，一分鐘後，那幫人就開溜了。

誰知道呢？即使我不是魔法手槍俠，也許我也還是會吸引那種暴力行為。但毫無疑問的是，我漂染的頭髮與成名之舉讓我更容易被盯上。如果克里斯沒有在最適當的時機出現，結局可能會很不一樣。

從那次事件和其他事件中，我學會要小心。我的生活很好，但偶爾也很可怕。我十五歲的時候，有人從學校的腳踏車棚偷走了我的自行車——我珍貴的科納豪華車（Kona Deluxe）。偷車的人留下一張紙條說：「我們知道你住哪裡，我們已經盯上你了，我們要殺了你。」我不認為寫紙條的人是認真的，比較可能只是用錯方法的虛張聲勢。但收到這種紙條令人相當害怕，有一段時間，我很怕遇到真的會照做的瘋子。

我發展出類似蜘蛛人的蜘蛛感應，這種能力就像內建的雷達，能告訴我我即將被人認出，或是當下情境可能會發生衝突。我記得有一次，我在基爾福一家未滿十八歲也能進入的夜店排隊，是我的朋友們哄我一起來的。我低著頭，眼睛盯著地板，因為我知道只要有一個人說「嘿，你是……」，骨牌就會開始倒下，那天晚上就會急轉直下。一半的我認為應該沒問題——在那家夜店外面排隊的人絕對不是會喜歡《哈利波特》的類型，如果你明白我的意思。但即便如此，隨著隊伍變得更加喧鬧，人群互相肘擊也更加頻繁，我的蜘蛛感應開始發揮作用，我知道我必須離開那裡。我從過去的經驗得知，這對我來說不是很合適的環境。我最後決定放棄在夜店的一晚，選擇安靜的生活。豎起領子，低下頭，沒有向人解釋，我動身回家。

正如我所說，當踐哥並不酷。

但事情是這樣的。回顧我的麻瓜生活，好的經歷比壞的多。我很高興我至少有一部分時間是在那所正常的學校裡，和正常人一起度過的，總的來說是個正常的經驗。我很高興有那些挖苦我的老師、那些對我另一邊的生活不屑一顧的同學。一部分的我甚至很高興我的臉有被菸頭燙過。這些都是正常的童年常規打鬧的一部分。至少，這些都不是與世隔絕的童年體驗得到的，而我本來有可能很輕易地被迫接受與世隔絕的童年。參與《哈利波特》的瘋狂過程之外，如果我沒有機會同時體驗正常生活的酸甜苦辣，我應該會是一個非常不同的人。事實上，兩邊的好處我是兩者兼得了。

15

變形學大麻煩

Transfiguration Troubles

瑪姬與馬陸

Maggie and the Millipede

拍攝《哈利波特》電影需要用到活生生的動物。貓頭鷹、老鼠、狗、蛇，應有盡有。李文斯敦片廠有一個專門的飼養區，動物都被放在那裡。我是一個愛狗的人，所以我深深地記得那裡有六隻左右的狗，扮演海格的寵物犬牙牙。那些狗是巨大又笨重的動物，體型有一匹馬的一半大，而且你不能靠得太近：只要牠們搖一搖那些超大的嘴邊肉，你就會沾上一層厚厚的狗口水。在任何情況下，這些動物都不是在那兒給人摸摸、拍拍或戳戳的。在銀幕上，你可能會看到哈利靜靜地舉著一隻貓頭鷹，但在鏡頭之外，很可能有一百個工作人員，再加上燈光和音效。在那麼混亂的場面中，要讓動物做你想做的事並不容易。

有一個方法。在兒童演員、其他卡司，甚至劇組人員到場之前幾個小時，訓練師就把動物帶到了現場。他們不倦地排練動物要做的動作：在片廠大家上工之前，扔下一封信（或是咆哮信）的貓頭鷹就已經練習了好幾個小時。然而，無論排練得多好，當動物真的到了開工的拍攝現場，有上百個孩子在說話，燈光閃爍，還有煙霧機、火焰特效和其他各種干擾，都很有可能讓牠們分心。因此，我們很早就被教導，動物在身邊的時候，一定要保持冷靜。

多年來，隨著電影的規模越來越大，動物飼養區也越來越大。到最後，李文斯敦片廠有上百隻怪獸，大家都很喜歡和牠們一起工作。但你也知道俗話說，千萬不要與小孩和動物一起工作。我毫不懷疑，拍攝《消失的密室》的時候，瑪姬．史密斯女爵應該會深思那句話。

瑪姬女爵的氣質充滿威嚴。我很幸運，在我發現她是個傳奇人物之前，我只是單純地認識了瑪姬。就像麥教授（Professor McGonagall）本人一樣，瑪姬散發著一種寧靜、沉著的權威感，而她總是藏著一抹風趣的微笑。她也像艾倫．瑞克曼，相當嚴厲的同時，又能極有耐心。當拍攝現場充滿了不守規矩的孩子，這是一種很有用的特質。他們不知道你是誰，也不知道你是多麼被敬重。我要很遺憾地說，在拍攝初期，我考驗瑪姬耐心的次數稍微有點超過應有的程度。

當時的場景是麥教授的變形學（Transfiguration）課程。學生們坐在老式的傾斜課桌前，就是那種桌面可以掀開的課桌，教室四周都是裝著動物的籠子。有蛇、猴子、巨嘴鳥，甚至還有一隻相當沒有禮貌的狒狒。這隻狒狒——該怎麼說呢？——牠不懂社交活動的禮節和拍攝現場禮儀。牠尤其不知道在一群孩子面前，什麼樣的行為才是合適的。以上是我迂迴的說法，意思就是拍那場戲的過程中，我們必須面對來自這隻靈長類動物的分心干擾，因為牠正在自慰。由於背景中的狒狒在手淫，有很多鏡頭都不得不放棄了。劇組不得不把這隻可憐的動物移開好幾次，才不會讓牠精力充沛的消遣活動破壞了鏡頭。每次只要有一個小朋友的眼角餘光看到，大喊：「我的天哪，你們看那隻狒狒！」你可以想像，現場就會多麼混亂。

這個場景中，每個孩子都會拿到一隻動物。我的是一隻守宮，牠在一根小樹枝上。動物團隊在牠的身上綁了一根釣魚線，以防止牠溜掉，他們也明確告訴我，不要抓牠的尾巴。他們說，守宮的超能力是牠可以斷尾，然後再長出新的，所以如果你抓住牠，牠的尾巴很有可能會在你手中斷掉。我的守宮是一隻相當溫順的小傢伙。牠坐在樹枝上，非常乖巧，我勉強忍住了想要測試牠超能力的衝動。班上大部分的動物都像守宮一樣，非常冷靜。（至少比那隻狒狒冷靜。）還有一隻溫順的鼩鼱，以及一些滿大隻，但行為良好的昆蟲。

然後還有喬許．赫德曼的馬陸。

那隻馬陸絕對和我的拇指一樣粗，並和我的前臂一樣長。牠有十億隻腳，而且似乎沒辦法靜止不動。牠在我隔壁的傾斜課桌上蠕動著，與我那隻一動也不動的守宮截然相反。牠讓人看得很著迷，忍不住想去戳牠。一般的學童都會用鉛筆來做這件事，但我們手邊有更好的工具。我們有魔杖！本著科學探究的精神，我們（輕輕地）戳了戳那隻可憐的馬陸，而我們發現了一個驚人的事實。戳夠了，牠就會像刺蝟一樣卷起來，形狀就像一條小的昆布蘭香腸。而這種情況發生時，牠就會從傾斜課桌上

慢
慢
滑
下
來
。

這隻滑動的馬陸給我和喬許帶來的歡樂破表。隨著每一次的戳戳、香腸、滑下來，我們都會徹底笑場。

有人在拍攝期間笑場的時候，通常都很好笑。克里斯．哥倫布有幾近無限的耐心，而且在費盡心思打造一個好玩的拍攝環境之後，你也很難在有人大笑的時候去責備他們。但也不能一直笑不停。有時候，你總得拍出一些鏡頭。所以哥倫布想出了一個系統來處理這樣的情況。只要我們有人干擾了拍攝，那個人就會得到一張紅牌。紅牌的意思是，你要把十英鎊放進一個袋子裡，拍攝結束後，所有的錢都會捐給慈善機構。這是一

個讓我們規矩的好方法，但也不是每次都有效。魯柏・格林特（Rupert Grint）是違規最嚴重的。我相信僅在前兩集電影中，他就投了超過兩千五百英鎊。當笑意襲來，他就無法控制自己。在這個場合，罰錢當然也起不了作用。每次聽到「Action!」的時候，喬許或我都會戳一下馬陸，試圖讓牠就定位。然而，牠還是會從傾斜課桌上

慢
慢
滑
下
來
。

然後我們就會笑到崩潰。

「卡！」

紅牌發出了。我們道歉了。我和喬許在此鄭重發誓，我們絕對會停止不懷好意[29]。但是，只要一聽到「Action!」，我們就又情不自禁地大笑了。我們其中一個人會竊笑，這就會害另一個人發笑。就算我們沒有聽到彼此的竊笑，沒有看著對方，那隻該死的馬陸

也會從桌子上滑下來，我們就會再次笑彎了腰。

「卡！」

我們被帶到一旁，被訓斥了一頓。「聽著，孩子們，你們在浪費我們的時間，你們在浪費自己的時間，更重要的是，你們在浪費瑪姬．史密斯女爵的時間。這樣子很不尊重人，如果你們認為這只是一場玩笑，我們就會把你們趕出去。我們有需要這麼做嗎？」

我們搖搖頭。我們知道這是個很糟糕的犯規示範。我們急切地想證明我們是專業人士。我們回到自己的位置上，感覺很愧疚，下定決心要控制住我們不由自主的笑。我們把注意力集中在瑪姬女爵身上，她在教室前面很有耐心、非常嚴肅。我和喬許則是盡可能地正經。

「Action!」

笑場。

「卡！」

29 譯注：原文為 Josh and I solemnly swore that we'd no longer be up to no good.，致敬《哈利波特：阿茲卡班的逃犯》查看劫盜地圖的密語：「我在此鄭重發誓，我絕對不懷好意。」

沒有用，我們不想笑，但我們沒有辦法讓自己不笑。我們能感覺到對方的笑意。這就像是被狠狠地搔癢——很痛苦，但是我們笑到停不下來。這時候，克里斯．哥倫布和劇組其他工作人員已經不只是有點沮喪了。就因為一隻滑溜溜的馬陸，這兩個愚蠢的史萊哲林小孩一直在搗亂，他們到底要怎麼拍這場戲呢？

最後，他們把動物都帶走了。每一場都是從不同的角度拍攝的，而他們決定，由於主要要拍的是瑪姬，而我們的作用是幫助瑪姬的演出，所以我們可以不要用那些動物了。這就是當時的情形，一切都是因為我和喬許對馬陸的管理不善。

我為自己的行為感到羞愧，所以事後我走到瑪姬面前道歉。「我很抱歉，瑪姬，我不知道我是怎麼了。我不會再犯了……」我道歉之後，她仁慈地揮了揮手。我想，她經過數十年對演技的掌握，兩個拿著魔杖和馬陸的青少年在她眼皮底下撒野，她也應該是不可能被擾亂的。像她這樣經驗豐富的演員，在這方面幾乎是刀槍不入。而我不認為我的行為有損害我們之間的關係。在片廠，她很嚴厲，但也很和藹——就像麥教授本人。出了片廠，在首映會和活動上，她總是非常友善又隨和。我記得我爸媽很急著想見到她，而她對此非常冷靜。總而言之，她真的是我們的國寶。她是一個值得敬重的人。而這可是史萊哲林學生說的話。

應該指出的是，我時不時也會得到報應。在《火盃的考驗》（*Goblet of Fire*）中，有一個場景是瘋眼穆敵（Mad Eye Moody）把跩哥變成一隻雪貂，然後被麥教授制止之後，又把他變回跩哥。劇本寫得很清楚，跩哥重新變回人形的時候，應該是全身光溜溜，穿越院子的人群逃離現場，非常丟臉。我沒有多想，只是偶爾開玩笑說我們的攝影機鏡頭可能不夠寬。然而，當我們真的要拍這場戲的時候，他們遞給我一條透明的丁字褲，讓我非常想念我「雪人三號」的服裝，我恍然大悟。「我們真的要這樣拍嗎？」我問道，手裡拿著丁字褲，一百位青少年臨時演員在一旁看著。

「我們真的要這樣拍。」

「現在嗎？」

「現在。」

我看了看那條超小的丁字褲。我看了看攝影組。我看了看臨時演員、副導演們以及其他演員。直到他們其中幾個人開始竊笑，我才意識到這幫混蛋一直在捉弄我。我成了他們的笑柄，屁股蛋害我變成蠢蛋，但值得慶幸的是，我的臀部沒有出來見世面，我也得以保持端莊檢點。

16

踱妙

Dramione

雞與鴨

The Chicken and the Duck

我們將時間快轉幾年，來到洛杉磯的聖塔莫尼卡（Santa Monica）。《哈利波特》已經是我的過去了。我住在威尼斯海灘（Venice Beach），對於一個有任何公眾形象的人來說，這裡從各方面來看都是最糟糕的地方。每天都有成千上萬的觀光客來到這裡，而美國人看到熟悉的臉孔時，並不以羞怯而聞名。不過，不知怎的，我都不會被認出來。也許是因為我大部分時間都穿著已經穿了一整周的濕答答泳褲，反戴著棒球帽，在碼頭旁邊玩滑板。即使有人認出了我，他們也可能會搖搖頭，心想，*那個人不可能是跩哥，他看起來太像海灘流浪漢了。*

不過名人之外還有名人。艾瑪．華森來玩的時候，我就想起來了。

我提議我們出去玩一天。聽起來只是一件小事，對吧？只是和老朋友在海灘上玩一天。但對艾瑪來說，這可不是一件小事。我不確定如果沒有人鼓勵，艾瑪會不會真的去做這件事。走出門的那一刻，我就知道為什麼了。我穿著一件T恤，上面寫著「女性做得更好（Women Do It Better）」，這讓艾瑪很是贊同。她穿著運動束口褲和T恤，與大家熟悉的紅毯上的艾瑪相比，簡直是天壤之別。不過，我們遇到的第一個路人還是轉過頭來，認出她了。艾瑪看起來仍然和我們拍攝完《哈利波特》電影的時候差不多。她看起來也當然不像海灘流浪漢。看來我們出遊不被認出的機會是零了。

我們抓著彼此，站在我的電動長板上，在海濱大道上滑行。我們經過時，一群墨裔的臉孔接連轉過來看。起初，大家覺得很驚訝，然後他們變得很興奮。他們喊著艾瑪的名字，喊著妙麗的名字。最後，他們開始在海濱大道上追我們。我們去大迪恩酒吧（Big Dean's）想要喝一杯。我是這裡的常客，幾乎所有的員工都和我是朋友。但突然間，他們好像從來沒有見過我。所有人的目光都集中在艾瑪身上。其中一個員工甚至拿著他的音樂ＣＤ來找她，希望作為一個「名人」，艾瑪能把ＣＤ轉交給有影響力的人。

艾瑪以平常心面對這一切。她從十幾歲開始就會遇到大家這種反應。在我的霍格華茲生涯以外，我還能過著還算正常的生活，但對艾瑪來說，那幾乎是不可能的。她不得不學會面對。我們離開酒吧，沿著海灘往回走，然後躲在一個老舊的救生員高台椅下面，從大眾持續關注的目光中得空喘息，兩個銀幕上的死對頭現在比以往更加親近。我們坐在那裡，回想多年前生活很不一樣的時期，當時艾瑪還遠遠無法如此從容面對大家的關注，而我作為一個朋友，也遠遠沒有那麼周到。

我和艾瑪・華森的關係開始時並不是很好。首先是我在《哈利波特》第一次試鏡時冷冰冰的回嘴，當時我把我在拍攝現場的厭世情緒都狠狠地塞給了一頭卷髮的九歲孩子。她不希望和我扯上什麼關係，這也是可以理解的。

後來情況變得更糟。

在拍片初期，葛來分多和史萊哲林之間存在著明顯的分歧。兩個小團體彼此保持距離，主要是因為我們一起工作的時間比較少。丹尼爾、艾瑪和魯柏是一個小團體，傑米、喬許和我是另一個小團體。彼此之間也不是不友好，但我們就是不太一樣。主角三人組完美無瑕，我們則不然。主角三人組有良好的教育背景，而我的生活當然並不艱苦，但我們的成長經歷有明顯的不同。我想，我們那時候認為自己比較酷吧。我們會在空閒時間一起聽饒舌音樂——武當幫（Wu-Tang）、大個子（Biggie）、吐派克——所以我和喬許聽到九歲的艾瑪在更衣室編了一支小小的舞蹈表演，而且想在午餐時間跳給我們看的時候，可想而知，我們很不屑。要我們放棄爭論東岸、西岸哪種饒舌風格最讚，而去看舞蹈表演？太遜了，老兄。

我們一路偷笑到艾瑪的表演現場，隨著她開始跳舞，我們的笑聲越來越大。我們就是很差勁的小男生，主要是出於尷尬，也因為我們覺得嘲笑別人很酷，但我們有欠思慮的反應顯然讓艾瑪很不開心。我確實覺得自己有點混蛋，而且正是如此。不過，最後還是由一位造型師阿姨來告訴我狀況。「她非常難過，」她說。「你不該嘲笑她的，你應該要去道歉。」

我確實道歉了，艾瑪也接受了我的道歉。大家都盡釋前嫌。這只是一個愚蠢青少年的無腦行為，這種事情稀鬆平常。那麼，為什麼這一刻會留在我的腦海中？為什麼我回憶起來會如此痛苦？

我想，答案是，隨著歲月的流逝，我逐漸明白在我們所有人之中，艾瑪需要面對的事情最多，需要克服的處境最困難，而且她從年齡最小的時候就開始如此。她後來成為世界上最有名的女性之一——在我看來，也是最厲害的女性之一——但圈外人很容易只看到她的名聲，而沒有花點時間想想隨之而來的挑戰。一開始，艾瑪並不像我十二歲，也不像丹尼爾十一歲。她才九歲。這之中有很大的差別。她以前從未到過電影拍攝現場，而且在兒童主角群之中，她是唯一的女生。她被「男生的幽默」團團包圍——愚蠢的惡作劇和青春期前的打鬧——就這一點而言，雖然她不只是撐過來了，甚至還能比我們所有人加起來更厚臉皮，但那一定不容易。她所經歷的壓力不僅僅是要對付愚蠢的男生。艾瑪從來沒有辦法度過正常的童年。從她被選角選上的那天起，她在很多方面就被當作一個成年人對待。我認為，這種現象對女生來說，比男生困難得多。女生在媒體和其他地方都會被不公平地性化。女生會被以貌取人，展現任何一點點的自信都會讓人瞠目結舌，如果是男生就不會這樣。我很好奇，如果當初有人能夠看到未來，並告訴九歲的艾瑪未來會怎樣，會發生什麼事呢？如果告訴艾瑪，她簽下的這件事會伴隨她一輩子。她會永遠無法脫身。她會永遠被人緊追在後。她還會選擇這樣做嗎？也許會，但也許不會。

因此，在一個原本應該安全、友善的大家庭環境中（通常也都是如此），艾瑪最不需要的就是我和喬許嘲笑她的舞蹈。這就是為什麼我對我們的行為感到羞愧。這就是為什麼我很高興我和艾瑪的友誼沒有因為我的無情而觸礁翻船，而是變得更加深刻。我們的友誼是我們生命中的試金石。

我一直默默愛著艾瑪，但也許不是大家想聽到的那種愛。這倒不是說我們之間從來沒有火花。肯定是有的，但是時間錯開了。在後來的《哈利波特》電影中，有一位叫麗莎．湯布林（Lisa Tomblin）的女士負責妝髮。我七歲就認識她了，當時我們都在拍《安娜與國王》。是她第一個告訴我，艾瑪對我有好感。艾瑪當時十二歲，我十五歲。我那時有女朋友了，而且無論如何，我已經會自動拒絕這種類似的話題。我一笑置之。事實上，我當時可能並沒有真的相信她。

但時間過去，事情發生了變化。我們越來越親近，而我越是看到並了解她的生活，就越是對她有同理心。只要她需要，我就會變得非常保護她。我開始不把她看作是一個小女孩，也不把她看作是公眾人物，而是把她看作一名年輕的女子。一般的社交環境與互動對她的生活來說幾乎是不可能的，但她正在盡最大的努力去克服。有時候，我覺得這對她來說困難得不可置信。偶爾，我想這甚至會讓人喘不過氣。有些人就是不明白這一點，他們無法理解從小小年紀就活在鎂光燈下的壓力。

在那些早期的日子裡，如果艾瑪看起來有點冷漠，通常並不是因為她心情不好，而是有更複雜的原因。拍攝《阿茲卡班的逃犯》（*Prisoner of Azkaban*）的時候，我們到了維吉尼亞湖（Virginia Water）的一片森林，拍攝鷹馬巴嘴（Buckbeak the Hippogriff）攻擊跩哥的場景。當時演員和劇組可能有五十人左右，包括丹尼爾、艾瑪、魯柏、羅比．寇特蘭，當然還有巴嘴。這麼多人一起拍片時，要保持低調是很不容易的。由於那是一個公共場所，我們很快吸引了一些粉絲的注意。艾瑪的本能反應是轉過頭去，避免眼神接觸，並在陌生人喊她名字的時候和對方保持距離。毫無疑問，這讓她看起來很冷漠，好像她不願意簽名或與群眾互動。而事實是，她是一個十二歲的女孩，她嚇壞了。我認為她當時無法徹底理解為什麼大家都對她如此感興趣。這並不意外，因為片廠幾乎沒有幫我們準備，學習如何處理這種情況。

但我比她多幾年的經驗，而且我也比較不怕和大眾互動。我把艾瑪帶到一邊，試著告訴她這沒有什麼好怕的，我們完全可以和他們友善相處，而且我們有能力為那些想和我們說說話的粉絲們留下難忘的回憶。我們一起走過去，和他們聊天，我親眼看到艾瑪的肩膀上卸下了重擔。在一定程度上，也許這彌補了我對她舞蹈表演的無腦嘲笑。大衛．海曼後來也告訴我，那一刻，他看到我從傲慢的屁孩長大成為貼心許多的年輕人。我相信，這也稍微幫助艾瑪接受了她生活的奇怪之處。在某種程度上，那天我們都多少幫助了彼此成長。

謠言開始氾濫，說我們的關係比表面上還親密。我當時否認我對她是那種喜歡，但這與事實不符。我當時的女朋友馬上察覺我和艾瑪之間有些心照不宣。我記得我用了那句老話：「我對她的感覺就像妹妹一樣。」但事實遠不止於此。我不覺得我有愛上她過，但我愛艾瑪，也欣賞她這個人，我永遠無法向別人解釋這種感覺。

有一次，我們在霍格華茲以外見面——我很少和其他演員或劇組人員約出來，因為我比較想回到我平凡的日常生活。我去接她，然後我們在我家附近的一個湖邊走了很久。艾瑪花了很多時間來斥責我抽菸，然後她突然告訴我一件事，而這件事會長存我心。「我一直都知道我是一隻鴨子，」她說，「但我這輩子都被說是一隻雞。每次我想要呱呱叫，全世界就告訴我，我應該要咕咕叫。我甚至開始相信我真的是雞而不是鴨。後來我們兩個開始一起玩，我才發現原來還有別人也會呱呱叫。那時候，我就想：不管那些人了，我真的就是一隻鴨子！」

我有沒有說過艾瑪．華森對文字很有一套啊？

對其他人來說，艾瑪的雞鴨故事聽起來可能像胡言亂語，但對我來說不是。我完全懂她的意思。她的意思是我和她的靈魂很相似，我們互相理解、互相幫助，一起理解自己、搞懂人生。從那時開始，我們就一直呱呱叫。我清楚知道，我會永遠支持艾瑪，而她也會永遠支持我。

相信我，有艾瑪支持你是一件很棒的事，尤其是因為她的右勾拳很厲害，這是有一天我遭逢不利而發現的。

我們在拍攝《消失的密室》時，《阿茲卡班的逃犯》的小說出版了。一如既往，我是最晚讀這本書的劇組演員之一，但我聽說其中一個場景是跩哥活該被妙麗甩了一巴掌。酷喔，應該滿好玩的！我當時非常喜歡成龍的電影，所以我非常興奮，我和艾瑪明年拍下一集時或許可以享受一下銀幕暴力。於是，我一聽到這個消息，我和喬許就去找她練習我們的武打戲。片廠外有一個帳篷休息區——有點像婚禮的那種大帳篷。我們小朋友們不用在拍攝現場，也不用上課的時候，就可以在這裡閒晃。首先，帳篷裡有充足的巧克力、洋芋片、可口可樂以及——信不信由你——紅牛能量飲料（Red Bull），我很調皮地鼓勵比我小的小朋友去喝。畢竟是免費的嘛。這種情況很快就改變了，因為飾演奈威・隆巴頓（Neville Longbottom）的馬修・路易斯（Matthew Lewis）的媽媽提出了一個不無道理的意見，我給九歲的小孩子們無限制餵食巧克力和能量飲料並不是史上最好的主意。我再一次鞏固了我在陪同者之間的壞名聲。令我們失望的是，零食被換成新鮮的水果和水，帳篷休息區變得不那麼吸引人了。但那邊還是有一張乒乓球桌，而兇狠的乒乓球手艾瑪經常在那裡出沒。

我和喬許衝進帳篷休息區。果然，艾瑪正在和另一個女生玩乒乓球。一個想法激發了我的想像力，我們可以完美重現成龍的巴掌戲。攝影機從我身後完美對準，讓畫面看起來好像艾瑪的手掌狠狠打到我的臉上，我在銀幕上的演出極為逼真，雖然艾瑪根本沒有碰到我。完全沒碰到。於是我帶著滿腔熱血走近。

內景　帳篷休息區　日

△湯姆和喬許在乒乓球桌旁徘徊，等著艾瑪擊潰對手。他們眼中閃爍一股狂熱，艾瑪看起來有點困惑。

湯姆：妳想要練習甩我巴掌嗎？

艾瑪：（皺眉）你說什麼？

湯姆：下一集電影妳要這樣演啊，妳要甩我一巴掌。（睜眼說瞎話）我剛才讀到的！

艾瑪：好啊，很棒。

湯姆：（直男說教）對。所以，妳就這樣做。妳就站在那邊，妳要用妳身體的力量，要非常投入才會逼真，妳要……

△湯姆說話的時候，艾瑪冷靜地打量著他，並舉起一隻手——她沒有意識到湯姆說的是巴掌戲——朝他的臉頰狠狠地甩下去。

△停頓。

艾瑪：像這樣嗎？

△湯姆用力地眨眨眼。他在忍著淚水。

湯姆：（聲音短促）很棒。對，很好，非常……好。幹得好，很厲害。晚點見囉？

△他背對著艾瑪，怯生生地離開了帳篷，夾著尾巴逃跑。

我沒有膽子告訴艾瑪，我其實沒有想叫她真的甩我巴掌，也沒有膽子告訴她，她讓我差點哭出來。她很久以後才發現這件事。隔年，我們要拍攝那場戲，他們告訴我那一巴掌被改寫成一拳的時候，你可以想像我有多不情願。我懇求艾瑪，要她揮拳的時候務必保持距離。我可以大方承認，一想到艾瑪．華森之前那記右勾拳，我的臉頰就抽痛起來。

多年來，艾瑪給我上了寶貴的許多課，其中最重要的是：不要總是隨波逐流，千萬不要低估女性的力量，而且，無論你做什麼，都要繼續呱呱叫。

17

上工中的衛斯蜜蜂[30]

The Weaslebees at Work

和葛來分多傻子打高爾夫球

Golfing with Gryffindorks

有的時候，會有一輛大巴士載我們這些小朋友來回穿梭於布景之間。想像一下，這就像是一般吵鬧的校外教學，只不過乘客們不是穿著校服，而是穿著巫師長袍、手拿魔杖。這一年我十三歲，我用一部分的《哈利波特》薪資買給自己一台CD隨身聽和一張林普巴茲提特（Limp Bizkit）的專輯。我坐在巴士上，隔壁坐的是魯柏．格林特，耳機大放專輯歌曲〈開砸〉（*Break Stuff*）。

你也許知道林普巴茲提特這個樂團。知道的話，你或許有理由認為，這並不是非常適合十三歲的孩子。他們的主題很成人，語言充滿性暗示，正合我胃口。我朝右邊瞥了一眼，魯柏正在安靜地做自己的事。我突然想到，我也許能讓他瞬間變成榮恩．衛斯理（Ron Weasley）不知所措的驚訝表情。於是我摘下耳機，罩在他的耳朵上。他的眉頭皺了起來，眼睛睜得大大的。當他受到林普巴茲提特歌詞的全面衝擊時，經典的榮恩表情在他臉上蔓延開來，就是你知道的那個表情。彷彿我把蜘蛛丟在他腿上一樣。

我回想這個小插曲的時候，也想起了兩件事實。第一，大多數來陪小孩的媽媽都會有一陣子不是那麼喜歡我，這是有原因的。還記得滑板嗎？還記得紅牛嗎？我想，我偶爾會對一些比我小的孩子產生破壞性的影響，無論是發甜食，或是讓陪同者的子女接觸美國饒舌音樂比較露骨的一面。第二，衛斯理家的演員都符合你對這些角色在現實生活中的想像：風趣、善良、隨和。尤其沒人比得上魯柏。

當然，我在拍攝《寄居小奇兵》的時候，就見過飾演衛斯理先生的馬克．威廉斯了。在《哈利波特》中，我們很少見到對方。我們的場次往往沒有重疊，所以我和他的接觸僅限於首映會和電影記者會。但我對他很早的記憶中，在《哈利波特》之前，我記得他是一位永遠在嬉鬧的演員。他在拍攝現場很輕鬆自在，並且很希望讓他周圍的人也感到同等的放鬆。他似乎總是第一個承認我們沒有做什麼特別重要的事情——我們只是在拍電影——所以過程中享受一下也沒關係。

馬克是茱莉．華特斯的完美搭檔（她飾演衛斯理太太，而這讓我媽媽很興奮）。雖然她在片廠是善良的女王，但她也有一種調皮的幽默感，她和馬克總是一起鬧。他們都很熱情，而且超好相處。簡而言之，他們是完美的衛斯理家人。我想，魯柏和飾演弗雷(Fred)、喬治（George）的詹姆士與奧利．菲爾普斯（James and Ollie Phelps）[31]之所以能在拍攝現場過得那麼快樂，很大一部分的原因就是他們兩位。衛斯理一家在一起的時

30 譯注：原文為 Weaslebees，是電影才有的叫法，跩哥於《哈利波特：阿茲卡班的逃犯》以此指稱衛斯理一家，此處從電影翻譯。
31 譯注：菲爾普斯的名字為 Oliver，書中湯姆直接以綽號稱之。

候，他們總是很自在，玩得很開心。

在銀幕上，我和魯柏是死對頭。在銀幕外，我對這位紅髮忍者（Ginger Ninja）從過去到現在都只有愛。幾乎是不可能不愛他。打從一開始，他就時時刻刻是個超級搞笑的人。這位老兄寄了自己的錄影帶去試鏡徵選，最後拿到了榮恩的角色。錄影帶中，他用饒舌唱出這幾句不朽的台詞：「大家好，我叫魯柏．格林特，希望你喜歡，不要覺得厭惡。」[32] 不出所料，他非常像榮恩。他非常厚臉皮，多數人都會忍住的那種有點不當的言論，他經常脫口而出。他在片廠有個很大——而且很貴——的問題，他會笑不停。由於克里斯．哥倫布的紅牌制度，這讓他花費了幾千英鎊。笑場是演員的職業傷害，年輕演員尤甚。只要有人說錯話或以某種方式吸引你的注意，無論你收到多少嚴厲警告，也無論你和多少傳奇演員一起工作，攝影機一開機，你就會情不自禁地笑出來。在我們所有人之中，魯柏是最容易受到這種影響的。

魯柏似乎對任何事都不會感到困擾。儘管他從加入《哈利波特》的第一天起就承受著各種壓力，我從未聽他抱怨過，面對大眾關注之下偶爾帶來的負面之處，我也未見他有任何不滿。他就是個心地善良、討人喜歡的人，似乎能對任何事都處之泰然。他沒有你想像中那種地位的演員會有的「明星」架子。雖然我們飾演的角色互相看不起，但在戲外，我總覺得我們有很多共同點。我們都拿薪資做了同樣的事情：我們全心全意地去享受。我們兩個的房子裡都有琳瑯滿目的瘋狂玩意兒。我買了一隻狗，他買了一隻駱馬。其實是兩隻，兩年後變成了十六隻（顯然，駱馬很熱衷於交配）。他買了一輛好車，和我一樣。不過我買的是寶馬軟頂敞篷車（即使氣溫接近冰點，我也要堅持開篷），而他實現了童年的宏願，悄悄地把辛苦賺來的錢拿去買了一輛全配備的冰淇淋車，成為冰淇淋小販。他曾經自發地開著那輛車到片廠，發放免費冰淇淋。他甚至也曾開車到寧靜小村莊，發送冰淇淋給小朋友。看到榮恩．衛斯理本人親手遞出甜筒搭配巧克力卷心酥，他們都很驚訝。那很瘋狂，但完全就是魯柏的特色。儘管發生了很多事，他仍然只會做自己。

每個人在成長過程中都會有一些變化。我們拍攝後面幾集的電影時，魯柏變得比較安靜一點，他的玩心變得比較收斂。但他從未失去他的本色，從未失去他溫柔、真誠的本質。後來的日子裡，他是我在《哈利波特》片廠結識的朋友中，和我一樣對某些專案很有熱忱的人。已經有好幾個耶誕節了，我會去倫敦的大奧蒙德街兒童醫院（Great Or-

32 譯注：原文為 Hello there, my name is Rupert Grint, I hope you like this and don't think I stink.，這裡魯柏想要用 stink 和自己的姓 Grint 押韻。他後來在訪談中曾提到當年還小，不知道這兩個字其實沒有押韻，因此翻譯也選用看似有押韻實則不然的字。

mond Street Children's Hospital)，發放禮物給在醫院度過佳節的孩子們。當天行程的第一站，我會先去漢姆利玩具店（沒錯，就是我以前試鏡之後會和媽媽去的那家店），盡我所能地爭取《哈利波特》的商品，能拿到多少就拿多少。接著，用耶誕老人的大袋子裝滿玩具，出發去醫院。有一年，我在前一天晚上傳訊息給魯柏，問他要不要和我一起去。這聽起來是一件小事——和醫院的某些孩子所經歷的相比，這確實是一件小事——但我非常清楚，對丹尼爾、艾瑪和魯柏來說，要不要出席慈善活動是一個困難的問題，而且比我們其他演員還困難。我們只要出席露個臉，就可以幫助其他人。有時，我們甚至根本不需要露臉。舉例來說，丹尼爾在十張照片上簽名，一夜之間就能為慈善機構募得數千英鎊。因此，大多數人可能有很好的理由，不想投入大量的寶貴時間去做慈善，而我們的理由則比較沒有說服力。當然，可以在力所能及的範圍內，幫助比我們不幸的人，這是一種低調的特權，但這也伴隨著令人不自在的問題：要在哪裡劃清界線？什麼時候該停下來？永遠都有需要幫助的人，所以很容易責備自己沒能做更多。魯柏像我們其他人一樣，盡可能利用自己的名氣來做善事，但如果我大奧蒙德街的這項臨時請求對他來說太多了，那也是可以理解的（尤其是因為我知道他見到生病的小朋友會有多麼難過）。然而，總是滿懷熱情的他，隔天就和他的另一半到場了。沒有管理團隊，沒有司機，沒有大驚小怪：就只有謙虛、泰然自若的魯柏。他很樂意付出自己的時間，來讓一些需要加油打氣的孩子開心起來。

總之，這就是魯柏：古怪、厚臉皮、體貼、可靠、善良——如果你想吃冰淇淋，他也是一個值得認識的人。

弗雷與喬治・衛斯理由菲爾普斯雙胞胎詹姆士與奧利扮演。他們比我大兩歲，所以我沒有機會用黑幫饒舌樂的衝擊波來嚇嚇他們。我花了將近十年的時間，才分清楚他們誰是誰，我也從來不會冒險叫他們的名字，以防我弄錯。雖然我們一起的戲不多，但我們的友誼仍然持續至今。他們兩個都像他們的角色一樣熱情又有趣。

給弗雷與喬治一丁點的歡樂，他們就會得寸進尺，製造更多的歡樂。詹姆士與奧利和這對虛構的雙胞胎一樣，也有這樣的特質。他們非常善於在各種情況下充分利用資源。如果有玩笑可開，他們就會開。如果有東西可以憑著花言巧語要到，他們就會動用三寸不爛之舌。拍後面幾集電影的時候，製作團隊想要拍攝大量的「幕後花絮」特輯，當作額外收錄的內容。團隊提議可以到每個人的家裡，拍攝他們的日常麻瓜生活——遛狗、洗車、修剪草坪等等。我們大多對這些提案並不熱衷。菲爾普斯雙胞胎有其他打算，而且他們的「建議」方式也很像弗雷與喬治。他們和魯柏都打高爾夫球，而我也剛喜歡上對著一顆白球亂劈一通。他們輕描淡寫地說，我們大家何不去個有代表性的地方打高爾夫球，然後讓他們錄下來呢？比方說，威爾斯（Wales）的凱爾特莊園（Celtic Manor）是一個非常熱門的高爾夫球俱樂部，他們即將在全新、一位難求的球場上主辦萊德盃（Ryder Cup），那邊如何呢？

令我們高興的是，他們上當了，於是詹姆士、奧利、魯柏和我準備來場公路旅行，前往凱爾特莊園。不過，等一下！雙胞胎熱心地指出，如果我們前面或後面有其他人正在打高爾夫球，拍攝肯定是行不通的。我們會有個攝影組跟著，但這樣只會妨礙到球場上的其他人。一個絕妙的想法似乎自然出現了。他們幾乎異口同聲地說，如果我們把整座球場包下來，那不是更合適嗎？他們狡猾的意見被採納了，結果世界上最令人嚮往的高爾夫球場整整一天被包場，只為讓我們四個人揮桿。結果和我們所進行的每一場高爾夫球比賽一樣，衛斯理一家贏了。該死的葛來分多傻子。

18

踱哥與哈利

Draco and Harry

一體兩面

Two Sides of the Same Coin

沒有人了解——沒有人能夠了解——身為丹尼爾．雷德克里夫是什麼感覺。在整個《哈利波特》製作中，丹尼爾承受的壓力比任何人都大。從他被選角選上的那一刻起，他就無法好好過上麻瓜小孩的生活。沒有辦法。雖然艾瑪和魯柏也是如此，但對丹尼爾來說，鎂光燈打得更強一點。他畢竟是那個活下來的男孩（the Boy who Lived），但他同時也是永遠無法過上正常生活的男孩。我有幸能像大多數的普通青少年一樣，在年少輕狂時能夠做出一些糟糕的決定。對我來說，最糟糕的後果就是基爾福郡HMV唱片行辦公室牆上貼的那張拍立得快照。對丹尼爾來說，如果他去當一個普通的青少年小流氓，後果將會更加沉重。幾乎從第一天起，就有人在跟拍他、偷偷想要錄他，試圖捕捉他不得體或脆弱的時刻。在任何時候，他都沒有——也沒辦法——讓他們有機可乘。系列電影的重擔幾乎完全落在他的肩上。

我對他學會應對這種壓力的方式滿是敬佩，對他這個人也滿是喜愛。拍攝《哈利波特》電影期間，在我身邊所有大人物之中，我也許從丹尼爾身上學到最多，而且我也在他身上看到了最多的自己。

也許這聽起來很奇怪，因為我們被選上的原因有一部分就是我們和角色很相似。畢竟，哈利與跩哥打從一開始就是死對頭。然而，我並不這麼看。我認為哈利與跩哥是一體兩面，而我覺得我和丹尼爾也類似如此。

起初，我們通常會保持距離。我們在拍攝現場看到對方時，只會向對方來個典型的英國點頭示意，並說「早，你好嗎？很好。」我忙著和史萊哲林男孩們一起玩耍的時候，丹尼爾也在忙他的。我們之間的交集並不如你想的那麼多。當我們有交集時，他讓我吃驚的是他的聰明才智以及學者一般的記憶力，他能記得艱澀複雜的板球數據和《辛普森家庭》的豆知識。拍攝間隙，等劇組人員重置場次的時候，我們會坐在掃帚上，做《辛普森家庭》的小測驗，而沒有人比丹尼爾更會那些冷門知識。

隨著電影一集一集拍，我們的關係也越來越好，開始經常見面。我常去他家收看板球賽、吃披薩，也許還抽了太多菸。（我們兩個小孩肯定是太早開始抽菸了！）如果有人參訪李文斯敦片廠，晃去某個破舊倉庫的後方，並且看看施工架的下面，就有很大機會看到哈利、蹺哥、鄧不利多窩在一起禦寒，喝著熱茶，享受我們委婉稱之為「呼吸新鮮空氣」的活動。我越認識丹尼爾，就越發現我們在許多方面是多麼相似。我們都對於周圍環境和他人的情緒極為敏銳。我們對情緒非常敏感，很容易受到周圍能量的影響。從以前到現在我都認為，如果我像丹尼爾一樣是個獨生子，不受三個哥哥的影響，我會變得更像他。而假如丹尼爾被金克、克里斯、艾許的不羈給影響過，要是他變得更像我，我也不意外。這其中有種對稱性，因為我認為哈利與跩哥或許也是如此。在《哈利波特》的早期，我是無法理解的，但隨著電影的進展，我越來越能清楚認識到這一點。我現在明白，我當時之所以能清楚認識到這一點，部分原因是因為丹尼爾的演技不斷進步。

丹尼爾總會第一個坦承，我們一開始根本都不知道自己在做什麼。當然，我和他以前都去過電影拍攝現場，但那麼小的孩子到底能有多大本事？然而，丹尼爾打從一開始就想要進步。他總是微微皺眉，回顧過去的工作成果，而他也有一種令人欽佩的特質，明明知道他可以開啟自動模式演完這個角色，但卻不想這樣做。他非常在意這個角色，而且從第一天起，他就致力成為最優秀的演員。當你要演的是哈利波特這個角色時，這可是相當大的任務。在我看來，哈利是最難演的角色。哈利向來是主力，是堅實的基礎，是可靠的角色。他必須如此，我們其他人才能圍著他起舞。跩哥的冷漠、榮恩的幽默、妙麗的機智、海格的笨拙善良、佛地魔（Voldemort）的邪惡、鄧不利多的智慧：因為哈利是始終如一、堅定不移地穩固，這一切才得以突出。要實現這種穩固，同時又能吸引觀眾的目光並打動他們，這需要特殊的技巧。

丹尼爾學得很快，而且學得很好。他很快就成為一名非常特別的演員。或許是因為他比我們其他人都更常被才華洋溢的人所圍繞，而才華也自然而然地傳承給他。也或許他從一開始就有才華的底子。無論事實如何，很快地，只要他在現場，他就能吸引周圍所有人的注意力。這給我們其他人很多啟發。我們跟隨他的腳步，而如果有那麼一個你會願意追隨上戰場的人，那就是丹尼爾，就像大家願意追隨哈利。他僅僅只是靠自己的行為舉止，就能夠提醒我們要認真看待這個機會，而在此同時也要好好享受。

即使我在這方面並不是每次都跟隨丹尼爾的腳步，但他認真負責的態度最終也影響了我。我從他身上學到的東西，比從任何大人演員身上學到的都還多。刻畫踿哥的角色發展時，假如我有任何成功，有一部分是因為看著丹尼爾讓我學到很多。

早期的幾集電影中，我對踿哥的角色發展並沒有考慮很多。我們在《神秘的魔法石》中確立了他是個油滑的討厭鬼。在《消失的密室》中，我們看到了他的一些特權：他有最高檔的掃帚，並成功把自己買進魁地奇球隊。人生第一輛車就是爸爸給他買的法拉利（Ferrari），踿哥就是那種同學。他似乎沒有一絲人性，但儘管整個麻瓜世界都開始討厭他，我也沒有感覺他的高傲自大會像滾雪球一樣越滾越大，變成更糟糕的事情。因此，我在前五集電影中，大多是站在角落冷笑。我不需要過度考慮踿哥的角色發展，因為根本沒有任何發展。他總是一成不變。

然後，到了《哈利波特：混血王子的背叛》（*Harry Potter and the Half-Blood*

Prince），一切都變了。透過跩哥，我們看到霸凌者往往也是被霸凌的人。在拍攝初期，導演大衛．葉慈（David Yates）把我拉到一邊。「如果我們能對跩哥產生百分之一的同情心，」他說道，「那我們就成功了。記住，你打算做魔法世界有史以來最糟糕的事情：殺掉鄧不利多。當你拿著那根魔杖，它的力量就像你手中握著一支軍隊。我們需要同情你。我們需要心想，他別無選擇。」

跩哥．馬份是那個沒有選擇的男孩。他被盛氣凌人的父親支配，被食死人（Death Eater）脅迫，被佛地魔威脅生命安全，他的行為不是他自己的。那是一個被剝奪自主的男孩的行為。他無法做出自己的決定，而他的生活所發生的轉變讓他害怕。有一場戲最能明顯看出這一點：哈利遇到跩哥在洗手台邊哭泣，然後他們決鬥，哈利使出撕淌三步殺（Sectumsempra）咒語。這是我和丹尼爾為數不多的對手戲，我覺得我在這場戲受到了過譽的讚揚。對我來說，厲害的是劇本。然而，假如我確實提升了我的表現，跟上跩哥的角色發展，很大一部分要歸功於觀察丹尼爾所學到的事。我不能再用那個在角落冷笑的男孩勉強應付過去；我必須想辦法讓這個角色有血有肉。

對我來說，跩哥在電影最後幾集的角色弧線涉及到《哈利波特》故事其中一個主題的核心：關於選擇的主題。跩哥的故事在馬份莊園那場戲達到高潮。哈利五官變形，跩哥被叫來指認他。這個人是哈利波特嗎，還是不是？我們在現場沒有討論跩哥是否確定那是哈利。不過我的看法是，他清楚知道那是誰。那麼他為什麼不說呢？我認為，這是因為那個沒有選擇的男孩終於有了選擇。他可以選擇指認哈利，或也可以選擇做正確的事情。如果是那場戲之前的任何一刻，他一定都會揭穿哈利。不過，他終於明白了鄧不利多在故事早期對哈利說的話：我們的選擇，遠比我們的天賦，更能顯示出我們的真貌[33]。

這就是為什麼我將哈利與跩哥視為一體兩面。哈利的家人很愛他，甚至能為他犧牲。跩哥在霸凌與虐待的家庭中長大。然而，當他們可以自由做出自己的選擇時，他們的結局是相似的。

33 譯注：原文為 it's our choices, not our abilities, that show us what we truly are.，出自《哈利波特：消失的密室》（非逐字引用）。

19

鼻子上的一拳

A Bop on the Nose

克拉、海格與詭異的橡膠湯姆

Crabbe, Hagrid and the Spooky
Rubber Tom

《哈利波特》片廠有數百名演員。有些人我幾乎沒有——或從未——見過，另一些人我就很熟悉了。讓我帶各位參觀一下霍格華茲，介紹其中一些面孔。

我已經聊過艾瑪．華森的右勾拳了。長話短說：離它遠點。不過艾瑪並不是唯一一個請我的顴骨吃頓粗飽的人。而且，我時不時也會以牙還牙。

戴文．穆雷（Devon Murray）飾演西莫．斐尼干（Seamus Finnigan）[34]。他在拍攝現場總是很出色，完全就是小小西莫。他的話很多，很調皮，但也很善良。有一次我們出外景，他在一家百貨公司打了我的臉。我不記得原因了。也許我說了一些諷刺的話，也許我是完全無辜的，我們只是在玩大冒險。我們以前經常像那樣各種亂來。我記得有人用可樂、牛奶、咖啡豆調製了一杯餿臭的魔藥，願意喝下肚的人就可以賺一英鎊。所以也許，在類似的情況下，有人給他五十便士，讓他來打我。他不是針對我。至少，這和臉上挨一拳一樣不具針對性。

飾演克拉的傑米．威雷特（Jamie Waylett）有一次在霍格華茲餐廳被我幼稚地揍了一下鼻子。那也不是針對他。那只是我們三個史萊哲林的標準行為，我們的關係親密無間。喬許・「高爾」・赫德曼與我年齡相仿，不過傑米比我們小幾歲。這並不妨礙我們的關係，因為傑米比他的同齡人成熟很多。傑米與我和喬許一樣，非常喜歡嘻哈，也是非常有才華的饒舌歌手。但有時會感覺他帶著一種被壓抑的侵略性。我們很親，但我們也會吵架。這樣看來，我想我們在現實生活中與我們扮演的角色非常相像。大多數情況下，我們的爭吵是孩子氣的精力過剩。他因為某件事和我作對，我就反擊，情況就會變糟。我們有很多場戲都是一起，這就表示我們有很多停機時間在一起。你也知道，小朋友花很多時間相處的時候，他們會發生摩擦。到了第二天，就會像什麼都沒發生過一樣。孩子就是孩子，雖然我們是吵吵鬧鬧的孩子。

不過，有一天我們在霍格華茲餐廳拍攝。我們坐在史萊哲林長桌，傑米在我的左邊，喬許在我的右邊，而傑米不停地捉弄我。這個行為沒有惡意，換個日子，也可能變成我在惹他，或是喬許在惹我。傑米不停地在桌子底下踢我，用手肘頂我，低聲地說我是個娘們，而這時攝影機要準備開機了。好，說到在現場搗亂，我也不是清清白白，但我確實有努力要表現專業。我確實有努力要認真負責。大人向我們認真灌輸的觀念之一

34 譯注：西莫・斐尼干（Seamus Finnigan）是哈利波特同年級的葛來分多同學，也是他的室友。

是，劇組人員花了好幾個小時來設置一顆鏡頭，如果攝影機就要開機了，不管你在做什麼，你都要閉嘴，等待神奇的那句話：「Action!」而且，就算鏡頭沒有對著你，也不表示你就不需要演戲。事實上，你在鏡頭外的表現有時和鏡頭前的表現同樣重要。你的反應、視線和對話都能讓當時在鏡頭前的演員穩定表現。無論出於什麼原因，傑米那天惹得我特別煩，所以在他們喊「Action!」的前一毫秒，我轉身直接往他的鼻子揍了一拳。我揍得不是很用力，但足以讓他的鼻子見血。不知道為什麼，結果是喬許被拉到製片面前，被訓說不要激怒傑米。真是不得了的誤會。抱歉了，吾友喬許。

不過，當我們不沉迷於拳腳的時候，我和喬許、傑米都非常親密。我們通常都在搞一些惡作劇。沒有惡作劇時，我們會沉浸在我們對音樂的熱忱中。我在我的拖車上設了一個小錄音室，我們錄製了相當多的曲目。三個英國白人史萊哲林男孩所能吐出來的硬蕊黑幫饒舌，這些錄音到現在還在。克拉與高爾的作詞技巧仍然令我震驚，我直至今日還會聽這些歌。

然而，隨著電影一集一集拍，傑米對拍片的興趣很明顯開始下降。他似乎欠缺熱忱，甚至意志消沉。他用我以前在學校的伎倆，把他的耳機線放在袖子裡，應該聽導演講話的時候，他在聽音樂。這種態度非常符合他角色的個性，因為克拉對任何人或任何事都不屑一顧。但對我們這些了解他的人來說，看得出來他在拍攝期間並不好過，甚至也不是特別愉快。

然後，他在《哈利波特》世界之外的事情開始變得複雜。我們拍完《混血王子的背叛》之後，他觸了法。在那之後，電影高層很難再邀傑米回來拍攝最後兩部電影。我為他感到難過。他從一開始就在了，除了吵架的時候，我們一直是朋友。他的角色特質是不在乎權威，但當這個特質影響到他自己的生活時，片廠突然就沒有他的位置了。當然，我了解其中的原因，但這很令人難過。一開始的史萊哲林三人組已經不復存在。

飾演海格的羅比．寇特蘭是《哈利波特》電影開拍時，我認得的少數演員之一，因為我認識他在《黃金眼》和《解密高手》(*Cracker*) 之中的角色。他或許比任何人都更了解保持輕鬆的重要性。他很喜歡開玩笑，但他也是會被別人開玩笑的人。或者說，他允許別人把玩笑開到自己頭上，而且他的反應超好笑。有一個時期，我和丹尼爾在片廠的搞笑惡作劇是到處去調大家手機上的系統語言，讓人家很難調回英語設定。羅比肯定被這個惡作劇整了好幾次，因為他的反應是如此有趣。他會瞇起眼睛，四處張望，喃喃自語說：「這是哪個混蛋做的？」他表現得好像準備要殺了罪魁禍首，但實際上他只是在全心投入，非常捧場。羅比總是熱切提醒我們，我們在片廠不是在尋找癌症解方，不是在拯救世界，我們只是在拍一部電影。我們應該記住這一點，不要自命不凡，並試著享受這個過程。他身上有海格的影子：這位友善的巨人從未忘記生命中重要的事物。

在《阿茲卡班的逃犯》中，踫哥被巴嘴踢了一腳，他不得不被海格抬走。為了讓海格看起來像個巨人，拍攝現場採用了各種巧妙的技術魔法。我對上海格的戲大多不是由羅比扮演海格，而是馬丁・貝非（Martin Bayfield），他是一名身高六呎十吋（二〇八公分）的橄欖球員，穿著巨大的機械偶裝。（那套服裝穿起來非常熱。我和傑米會因為看到海格的耳朵冒出蒸氣而笑場，因而經常被責備。）然而，在這個場景中，海格的臉是完全露出來的，所以劇組不能讓海格變得很大，而是讓我變得很小。他們製作了一具踫哥假人，尺寸比我實際上小了四分之一，讓羅比可以扛著。這具假人可不是玩具——製作就花了好幾個月，要價數萬英鎊——但想當然，我就像其他孩子一樣，想到有一個假的「迷你我」可以玩就很高興。我第一個想到的計畫是把它帶到停車場，等人倒車，然後把它扔到車後。我成功克制了自己，沒有實行這個惡作劇，不過我媽媽那天也在現場，於是我煞費苦心，用詭異的橡膠湯姆嚇了她一跳。羅比也來湊熱鬧。想到小兒子以人體模型的型態被永久保存下來，我媽媽越是坐立不安，羅比就越是向她揮舞踋哥假人，這讓我們大家都笑翻了。這就是羅比，徹頭徹尾的羅比。作為一個成年人，他有很強的幽默感，但他對孩子們也很有一套。（踋哥假人已經快樂地退休了，在李文斯敦的《哈利波特》片廠度過他的餘生。）

羅比也很善良，而且很有愛心。在第一集電影中，海格帶著哈利、榮恩、妙麗和踋哥進入禁忌森林。那場戲的一部分是在劇組打造禁忌森林的攝影棚內拍的。不過，有一部分是出外景拍攝，而且需要在夜間進行。我清楚地記得，淩晨兩點寒冷的森林裡，我和丹尼爾、魯柏、艾瑪坐在地上鋪的防水布上。艾瑪當時只有九歲，她蜷縮在我身邊睡著了，而我們在等待工作人員設置好下一顆鏡頭。當工作人員都在忙亂地做著各自的工作，是羅比還能保持愉快的心情，確保我們舒服、保暖，受到良好的照顧。

後來的幾年，我和羅比主要的接觸機會是在電影記者會和宣傳活動。他非常愛車，對機械、馬達、汽車和飛機有著豐富的知識。我和他一樣愛車，但最重要的是，我總是很期待與他一起出席宣傳活動，因為保證歡笑一籮筐。

我們得承認：從來沒有人預期奈威．隆巴頓會變成電影中的肌肉猛男。馬修．路易斯從第一集開始飾演奈威，而在第一集電影中，他看起來也非常像這個角色。他有奈威的耳朵、奈威的臉，他有可愛的口音。他從頭到腳都是奈威。

問題來了。每一年，大家集合要開拍下一集電影的時候，馬修都會變得更壯一點，這代表——從體型上來說——他越來越不像奈威了。幸好，馬修是一個很厲害的演員，但在後期的電影中，他們還是不得不在他的耳朵後面放個楔子，讓他戴上假牙、穿上增肥衣，以免奈威看起來太像邁向猛男之路的馬修。當初誰想得到，奈威後來會穿著內褲登上《態度》(*Attitude*) 雜誌的封面呢？

馬修是個很好的實例，集《哈利波特》所有的美好於一身。他是一個很棒的人，腳踏實地、虛懷若谷。他涉略廣泛，知識淵博，和他聊天保證精采，這也讓他成為我最喜歡一起喝一杯的人。他和我一樣，不喜歡看自己演過的電影（沒有人喜歡聽到自己的聲音被錄下來再放出來，對吧？），但他真的已經成為一位令人印象深刻的演員，並對自己的能力沉著而自信。在我會偶然遇到的《哈利波特》校友之中，馬修是我最喜歡遇到的人之一。史萊哲林與葛來分多傻子之間的對立關係都早已拋諸腦後。

有一些演員，雖然是毋庸置疑的傳奇人物，但跳脫角色之後你永遠不會認出他們。他們看起來只是——我這麼說並無惡意——略顯邋遢的老人。飾演奧利凡德（Ollivander）的約翰．赫特就是其中之一。我現在是他的超級粉絲，特別喜歡他在《午夜快車》（*Midnight Express*）中的演出，但在當時，我不知道他是大人物。看著他，你根本不會發現。

飾演飛七（Filch）的大衛．布萊利（David Bradley）[35]也是如此。他與他的角色截然相反：他完全沒有兇惡或笨拙的一面。有些演員一靠近拍攝現場就會求關注，而大衛總是謙遜不擺架子。他會靜靜地坐在角落，堪稱冷靜的典範。看著他以極其厭惡、蔑視的表情，面目可憎地變身成飛七，我從他身上學到了很多。我總是喜歡看他演出，他顯

35 譯注：飛七是霍格華茲惡名昭彰的管理員。大衛．布萊利（David Bradley）是活躍於英國舞台劇、電影、電視劇的男演員，曾以《李爾王》的精湛演出獲得勞倫斯．奧立佛獎。

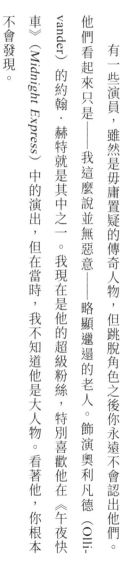

然很熱愛他的工作。

有一天，我在片廠看到另一位略顯邋遢的老人，穿著舊牛仔褲和T恤。我偶爾會在附近看到他，所以我以為他是清潔工。我能說什麼呢？他看起來就是那副模樣。我們那時在霍格華茲餐廳外面，我心想，如果我稱讚一下他的工作，應該是個很窩心的舉動吧。我在拋光的水泥地板上，把鞋子踩得吱吱作響，向他豎起大拇指說：「老兄，幹得好！」他轉過身去，確認我是不是在和他身後的某人說話，接著對我略顯奇怪地皺皺眉頭，然後什麼也沒說。

當天稍晚，我正在做頭髮，看見同一個人走進了梳化間，他似乎是在帶家人朋友參觀。以清潔人員來說，這有點奇怪。我有一股不祥的預感，我可能犯了失禮的錯誤，所以他離開之後，我問別人：「那是誰？」

「誰？」

「剛剛那位！」

他們大笑。「那當然是蓋瑞．歐德曼（Gary Oldman）[36]。」

當我意識到我把他誤認為清潔工時，我尷尬到縮了起來。我想道歉——倒不是說他會在意——不過最後我選擇了更簡單的方法，直接無視我的錯誤，假裝我一直都知道他是誰。但我要為自己說兩句，以這樣一位大明星來說，他幾乎沒有什麼明星架子。他謙虛又務實，經常幫大家泡茶，而不是逢場作戲。

對哈利來說，天狼星（Sirius）成了父親般的人物，我感覺對丹尼爾來說，蓋瑞也帶動著他，幫助他在鎂光燈下長大，並磨練他的演技。在我看來，他們兩人的幽默感非常相似，他們與其他演員和劇組人員的工作方式也很相像。我想，有些人——包括我自己——是有點嫉妒這種羈絆的。我們清楚看到，部分受到蓋瑞的影響，丹尼爾真的比我們其他人都能更好地學習演戲。說到演戲，有誰比蓋瑞．歐德曼更適合站在你這邊？

瓦維克．戴維斯是我一開始就認出的少數《哈利波特》演員之一，因為我很喜歡電影《風雲際會》（*Willow*，這也是我那隻四歲的拉布拉多犬的名字，她超喜歡松鼠，胃就像個無底洞）。他從第一集就開始參與拍攝，那時飾演的是孚立維教授——這是他在

36 譯注：蓋瑞．歐德曼（Gary Oldman），英國演員，曾獲奧斯卡、金球獎、英國電影學院獎最佳男主角，並多次獲得英美重要獎項提名；在系列電影中飾演哈利的教父，天狼星．布萊克。

系列電影中所扮演的數名角色之一。他默默地很有魅力，和孩子們在一起總是很有趣。他成了我的好朋友，而我不得不佩服他在片廠到處移動的方法。由於他的身高，他要比我們其他人花更多的時間來移動，我們還是小孩子的時候也一樣。於是他帶了一輛改裝過的賽格威電動平衡車（Segway），可以騎著到處跑。這輛車按照所需的尺寸切割過，所以車身上寫的是「egway」。那真是令人印象深刻的景象，孚立維教授或妖精拉環騎車經過，不慌不忙地揮手並開心地打招呼。「大家早安！」但當然，我們已經習慣了不尋常的景象，因為我們早已被魔法世界的角色與用具環繞……

20

鄧不利多的好話與善言

A Kind Word from Dumbledore

呼吸新鮮空氣

A Breath of Fresh Air

正如大家所知，我們有兩位鄧不利多。李察．哈里斯爵士在《神秘的魔法石》和《消失的密室》中飾演鄧不利多，他不幸去世後，邁可．坎邦爵士（Sir Michael Gambon）接替了這個角色。

當年，我並不是真的了解李察．哈里斯是多麼傳奇的人物，因為我和他的交集很少。他只對我說過一句話。在霍格華茲餐廳的入口外頭的兩場戲之間的空檔，他把我帶到一旁，以一種非常鄧不利多的方式看著我，然後說：「你很棒。」僅此而已。我不認為他是在騙我，而我當時也當然沒有意識到，有一位大人物稱讚了我。我覺得我很棒嗎？嗯，我的感覺是，我沒有做其他人都在做的事。跩哥從來不想隨波逐流。如果其他學生都站在這裡，他就會站在那裡。如果其他學生看起來很邋遢，他看起來就很完美。如果其他學生襯衫最上面的鈕扣沒扣起來，他就好好地扣上（這是我當時很討厭的一點，因為有哪個青少年的尊嚴會允許自己這樣穿制服？）。因此，這樣的角色性格意味著我很容易引人注目。

但引人注目和我很棒是一回事嗎？第一代的鄧不利多說的好話，我配得上嗎？事實上，這些都完全是主觀的。我們都知道——包括丹尼爾、艾瑪、魯柏——我們有很多東西要學。當然，我們知道不要看向鏡頭，我們知道如何找到我們的標記，但其實是我們周圍的演員高水準，讓我們看起來還算像樣。然而，就像任何領域的任何人一樣，我有順利的時候，也有最好被遺忘的時候。

湯姆的傲慢有時能讓跩哥在銀幕上栩栩如生，有時卻不能。在《消失的密室》中，當哈利和榮恩喝下變身水（Polyjuice Potion），變身成克拉和高爾時，他們跟著跩哥來到史萊哲林交誼廳。哈利忘了摘下他的眼鏡，這讓克里斯・哥倫布能夠展現他的天才。高爾解釋說他戴眼鏡是因為他在看書，然後下一句台詞我被要求要即興發揮，而這將成為我最喜歡的跩哥台詞之一。拍了三次之後，哥倫布靈光一現，顯得有點飄飄然。他興奮地悄悄靠近我，把我拉到一旁，在我耳邊低聲說了一句幽默機智的話。「他說他戴眼鏡是因為他在看書的時候，你就說：『我不知道你識字。[37]』」我們相視而笑，而該鏡次的拍攝就是正片採用的鏡頭。我知道那顆鏡頭成功了，因為克里斯喊了一聲「卡！」之後就大爆笑了。

而接下來的一場戲，則不是我在拍攝現場最精采的時刻。我們三個人走進史萊哲林交誼廳，跩哥走在前面，一邊讀《預言家日報》(*Daily Prophet*)。跩哥有一段相當長的獨白。那天我根本背不起來自己的台詞，這讓劇組損失了好幾個小時的拍攝時間。我被

37 譯注：原文為 I didn't know you could read.，此處從電影翻譯。

大衛．海曼非常嚴厲地訓斥了一頓，甚至打了一通電話給我媽媽，告訴她我必須背好我的台詞，否則後果自負。最後，他們把一小段劇本列印出來，貼在報紙上，讓我可以看著唸。假如李察．哈里斯那天在現場，我想我一定不會給他留下好印象。

隨著我的經驗越來越豐富，我開始明白，一場戲演得「好」或「不好」，這個概念比大多數人想像的還要複雜許多。就算你狂飆演技，如果沒有與場景中的其他演員建立連結，你演得就不好。這就像你不能光靠大力揮拍，造就一場精采的網球賽。沒有個人的好或不好，重要的是總體的表現，重要的是脈絡、詮釋與觀點。假如魯柏演跩哥，我演榮恩，電影會不會有所不同？會更好嗎？或者會更糟？以上皆是。每個人都會有自己的看法。

因此，我將第一代鄧不利多的那句好話暖暖地放在心中，但我也沒有完全相信。在前面幾集電影中，我所散發的大多是一個能自在面對鏡頭的小孩子的驕傲自大。被稱讚讓我感覺很好，但我客觀地看待那句話。

我與第二代鄧不利多的交集遠遠超過了第一代。李察．哈里斯和邁可．坎邦在現實生活中非常不一樣。李察．哈里斯在很多方面都讓我想到我的外公。他散發一種溫暖、安靜的智慧，非常適合他所扮演的角色。邁可．坎邦更像是一位表演家。雖然他扮演的是老巫師，但他的內心可是個小男孩。他喜歡自嘲，憑著他的年齡與聲望，他什麼話都能說，而且無論多麼離譜，他也會沒事。他很喜歡好笑的故事和小笑話，而我認為這也體現於他對角色的詮釋。我認為他的演出令人印象極為深刻，尤其是在《混血王子的背叛》中。

最重要的是，他是一個非常有趣的人。拍攝期間，有一條基本規則是不可以自己開車去工作。我想這有保險方面的原因，但更重要的是，製片團隊知道，如果沒有請司機早上六點半坐在門外等著接演員去上工，有一半的人都會遲到。當你試圖把三十個人在同個時間趕到拍攝現場時，那可不是你想要的情形。然而，每條規則都有例外，而這個情況下，邁可．坎邦就是例外。他是個愛車人士——他有一輛全新的奧迪R8，後來又有一輛法拉利。他會自己開車來上工，把車停在五號門外，差不多也就是造成最多麻煩的位置。我染髮染到一半，就會聽到外頭引擎的轟鳴聲。想當然，我頂著一頭漂色劑和鋁箔紙，馬上從座位上站起來，跑到外面去看坎邦的車。他曾經讓我們這些小朋友坐上車，我相信他違反了各種規定，但誰會真的和他爭論呢？我是說，他畢竟是鄧不利多。

坎邦喜歡裝傻。他經常會裝出一副困惑的樣子——「親愛的，我們在演哪一場戲？我們演到哪了？你再說一次，我演的是誰啊？」——我相信他大部分時候是在捉弄人。有時候，他對台詞的掌握不是很完整——有一次，劇組不得不在攝影機後面舉起大板子，幫他提詞，這讓我對於自己背台詞偶爾不穩定的表現感到好過一些。這並不表示他不被當一回事。大家都認真看待坎邦，特別是我們要拍攝跩哥最重要、最令人難忘的那場戲時，我更是認真看待他：也就是在《混血王子的背叛》閃電擊中的高塔[38]之上。那一集電影中，有不少跩哥單獨對上大人的戲，而這是其中最大的一場。跩哥用魔杖指著鄧不利多，試著鼓起勇氣，準備執行佛地魔的命令，殺死校長。

拍那場戲之前，我並沒有很緊張。我很興奮。不過我知道，這是我的時刻。我很習慣到片廠和其他孩子一起排練，但以前從來沒有人要我來自己排練。這場戲改變了這種情況，讓我非常高興。以前給我的指令很多都只限於：「在角落閒晃，看起來很生氣！」或是「看著這顆網球，想像它是一隻龍！」我在電影中終於能有如此重要的時刻，一個我可以真正花心思投入的橋段，這種感覺很棒。因此我排練得很好，自己的台詞倒背如流。

大日子到了。不知怎麼回事，雖然我準備充足，但我總是在某句台詞卡住。這很奇怪，一旦你掉進那個兔子洞，就很難再爬出來。我的腦中浮現一個小小的聲音，開始嘮叨。「你明明會這些台詞。你整晚沒睡，都在背誦。為什麼就是不能好好說出來？」只要這個聲音開始嘮叨，就回不去了——和笑場有點類似。我們拍了三、四次，也許更多，每次我都搞砸了。大家要求休息一下，然後坎邦用魔法從他的鬍子裡面變出一根菸。我和他經常在天文塔（Astronomy Tower）的攝影棚外頭，一起進行我們所謂的「呼吸新鮮空氣」。那裡會有油漆工、泥水匠、木工與電工，也會有我和鄧不利多，一起偷偷抽根菸。「要吸一口新鮮空氣嗎，小老弟？」他提議。

我們走到外頭，坎邦穿著他的長袍與鬍子襪套（主要是為了讓鬍鬚保持筆直，但部分原因也是擔心他抽菸會讓鬍子著火），我穿著我的全套黑西裝。我們點了菸，抽了幾口，然後我就道歉了。「我很抱歉，邁可。我記得台詞，但不知道為什麼一直搞砸。我現在有點亂七八糟。」

聽了我的道歉，他仁慈地揮了揮手，但我煩躁不安，還是不停道歉。「真的，我不知道我是怎麼了。我不知道為什麼沒辦法把台詞唸好。」於是他笑了，說道：「親愛的

38 原文為 the lightning-struck tower，出自《哈利波特：混血王子的背叛》小說第二十七章章名。

孩子，你知道他們每天給我多少錢嗎？按照這個速度，如果你繼續搞砸，到下周我就有一輛新的法拉利了。」他的表情正經八百，沒有一絲開玩笑的意思。「繼續保持，孩子。」

他這麼說是為了安撫我的情緒嗎？我不知道。但我知道的是，我立刻感覺壓力消失了。我們回到現場，而從那一刻起，一切都順利進行。這是第二代鄧不利多給我的善言。面對經驗較少的演員，邁可．坎邦的鼓勵法與李察．哈里斯非常不同，但鼓勵是有效的。

看到最後完成的電影之前，你永遠不會知道你拍的場景有多少會出現在正片裡面。有時幾乎什麼都沒有。我看《混血王子的背叛》覺得很欣慰，因為我的鏡頭都沒被剪掉。那是一種很棒的感覺。我是否沒有辜負李察．哈里斯早期的稱讚？誠如各位所知，對於評論一個人的表現是好或不好，我有所保留，因為還有許多其他因素。我的確得到了很多喝采，但事實上，雖然我對結果很滿意，但我覺得我被過譽地讚揚了。那場戲之所以有效果，很大程度是歸功於拍攝手法以及那場戲本身在故事中的定位。這些因素遠遠超出了我的控制範圍。

拍完《混血王子的背叛》之後，還沒看到電影之前，我搬了家。我從我媽媽的房子搬出去，和我心愛的狗狗小樹一起住在薩里郡的一間公寓裡。我親愛的朋友懷堤（Whitey）搬進了我的舊公寓。他有一天打電話給我，說有一封我的信。我立刻以為是違規停車的罰單，但他說他不小心拆了信。「是一個叫做喬（Jo）的傢伙寄來的。」他說道。

叫做喬的傢伙？

「信紙最上面有一隻貓頭鷹。」

我恍然大悟。「信裡寫了什麼？」我問道。

「我不知道，我沒看。」

「那就看啊！」

「說什麼混血王子……」可以肯定的是，懷堤並不是哈利波特迷。

「你把那封信拿好，」我告訴他。「我現在過去。」

羅琳的那封信是我們多年來的第一次聯繫。信是用她家的漂亮鍍金信紙寫的，她說她對電影的成果非常滿意，並稱讚了我的演出。當然，我把這封信裱了框，至今都還留著。如果邁可沒有在呼吸新鮮空氣的時候用另類的方式鼓勵我，結果可能會非常不同。

21

艾倫·瑞克曼的耳垂

Alan Rickman's Earlobes

不要踩到我該死的斗篷！

Don't Tread on
My F*cking Cloak!

我們在拍攝第六集《哈利波特：混血王子的背叛》。石內卜剛剛殺了鄧不利多。石內卜、跩哥、貝拉（Bellatrix）與其他食死人在離開霍格華茲的路上穿越餐廳。這場戲可是事關重大。

導演大衛．葉慈有一個想法：我們組成V字陣型，石內卜領頭，其他人像保齡球瓶或雁鳥一樣在他身後排開，一起氣勢洶洶地走過走道。海倫娜．寶漢．卡特（Helena Bonham Carter）[39] 有不同的想法。她想要在其中一張長桌上邊跳舞邊前進，把桌上東西都踢掉，瘋狂地尖叫和大笑。這相當精采，很符合角色：貝拉給人的印象就是個精神錯亂的瘋子。不過，我們其他人在拍攝時遇到了困難。我們拍了幾次，大步快速走過餐廳，攝影組在我們前面倒退走。但這樣不對，艾倫．瑞克曼完全在焦點上，我們其他人卻有點模糊不清。我們在後面和他離得太遠了，這就是問題所在。於是大衛．葉慈給我們指令，要我們更靠近艾倫。

從一開始，艾倫．瑞克曼就對石內卜的服裝出了一些建議。他認為，石內卜應該會穿又長又飄逸的巫師袍。其中包括一件長斗篷，走路的時候會拖在他身後的地上，就像婚紗的拖尾裙襬。大衛給了我們這個新的指令之後，艾倫在攝影機開機前轉向了我們其他人。他瞇起眼睛，嘴唇抿得很薄，一邊的眉毛微微上揚。如果被這種石內卜一般的眼神狠狠盯著，任何霍格華茲學生都會像是中了果醬腿惡咒（Jelly-Legs Jinx）一樣腿軟。我老實說，即使是我們這些演員，在等他開口說話的時候也覺得相當不安。他開口說話就像石內卜一樣，每個字都清楚分明，意味深長，並帶著漫長而痛苦的停頓。

「不要……」

「踩到……」

一片寂靜。我們其他人向側邊互相瞥了一眼。我們心想，不要什麼？

我們低頭看了看自己的腳，然後又抬頭看著艾倫。

「我……該死的……」

我們眨眨眼。我們又再眨了一下眼。

「斗篷。」

我們緊張地笑了一聲，但艾倫並沒有笑。他冷冷地盯著我們大家，然後轉過身去，斗篷在他身後像蝙蝠一樣飄揚。從他怒視的眼神中解放之後，我們這些食死人互相看了看對方，有人嘴動而不出聲地說：「他是認真的嗎？」他是認真的。認真得要命。我們

39 譯注：海倫娜．寶漢．卡特（Helena Bonham Carter），英國女演員，曾獲英國學院電影獎、艾美獎等，並多次獲英美重要演員獎項提名，在《哈利波特》系列中飾演貝拉．雷斯壯。

無論如何絕對不能踩到他那該死的斗篷。

我們再拍一次，這次跟得更近。是誰走在石內卜正後方？當然是踿哥了，而一行人大步快速走過餐廳的同時，我的腳離斗篷長長的下擺只會有幾吋的距離。導演給我們指令。「下巴抬起來！」他說道。「不要往下看，我要看到你們的臉！」

這表示我們沒辦法留意艾倫斗篷的下擺在哪。因此，我們準備拍攝的時候，我警告了自己一番。不要踩到斗篷。不要踩到斗篷。不要踩到……

「Action!」

艾倫向前走去。我們其他人跟著。

一步……

兩步……

三步……

先解釋一下，艾倫的斗篷有一個圈，套過脖子，掛在他的肩上。當我無可避免地踩到他斗篷的下擺時，我們連餐廳的一半都還沒走到。他的頭被猛地往後一拉。在那可怕的一刻，我以為他要失去平衡了。他被勒住的叫聲在現場迴盪。

「啊啊啊！」

「卡！」

一片寂靜。

我戰戰兢兢地把我的腳從斗篷的下擺移開。慢慢地，艾倫轉過身來。我給了他一個最有歉意的微笑。

「抱歉，艾倫，」我尖聲說道。

艾倫什麼也沒說。

「我……我真的不是故意的，」我結結巴巴地說。

艾倫還是什麼也沒說，他轉身背對我。慘了，我心想。我真的把他惹毛了。

一位工作人員喊道：「再來一顆！」我們怯生生地回到了起始位置。我又對自己警告了一番。該死，費爾頓。不要踩到斗篷。不要踩到斗篷。不要踩到……

「Action!」

這一次，當食死人小隊再次試著行進，我想當然爾在艾倫身後踩著小小的步伐。我走了小小的一步……

小小的兩步……

小小的三步……

「啊啊啊啊！」

這次更糟了。艾倫被往後拉扯，全身猛然一震，要伸出手臂才能保持平衡。

「卡！」

我嚇壞了，低頭看了看自己的腳。我不可能又踩到下擺了吧。不是我，我如釋重負。這次是一位食死人同事踩到的。艾倫怒火中燒。

「我……」

他向大家說。

「他媽的……」

他宣告。

「不要……再拍了！」

經過導演的一番交涉，艾倫同意試最後一次。其他食死人和我驚慌失措地互相看了一眼，但幸好第三次拍攝時，沒有人踩到他那該死的斗篷。不過，如果你覺得石內卜在那場戲中看起來有點被勒住的樣子，現在你就知道原因了。

在接下來的場景中，石內卜和食死人逃到了校園空地。海格的小屋被放了火。哈利和石內卜戰鬥，然後石內卜透露他就是混血王子。

工作人員在李文斯敦片廠打造了這個室外布景：一座巨大的山丘，就像傾斜的足球場。我們在晚上拍攝這個場次。海倫娜整晚都在灌濃咖啡，她在後頭某處發瘋，練習她跳舞發狂的橋段。我和艾倫站在場地中央，等待丹尼爾的到來。

工作人員在設置場景時，有時候會有個尷尬的時刻。他們會把所有的東西排好，讓演員站在特定的位置上，演員們要盯著對方，以便他們正確地為場景打光。然後，在兩個鏡次之間，他們確認剛剛拍完的畫面的時候，也是同樣的情況：你就傻乎乎地站在那裡，耐心等著他們喊要再拍一遍。看著一個你不是很熟的人，凝視他的眼睛，這件事並不總是讓人很自在。我喜歡用看耳垂的小技巧：我會盯著同事的耳垂，而不是他們的眼睛，這多少能緩解尷尬，並將我們相視的時刻留給攝影機開始錄影之後使用。

那天晚上，我盯著艾倫·瑞克曼的耳垂。我們拍完了一顆鏡頭，正在等導演確認畫面。等待的時間拖得很長，我和艾倫都被一股漫長而尷尬的沉默所籠罩。至少，對我來說是尷尬的。在我的印象中，艾倫本人從來沒有因為沉默而覺得不自在。事實上，沉默是他的首選狀態。雖然這時候我已經和他在片廠共事了很多年，但我依然很怕這個人。

我踩到了他那該死的斗篷，更是無濟於事。

然而，當我們站在夜晚的寒氣之中，我感受到典型的英國人需求，覺得要說點什麼來打破沉默。這本來應該沒什麼大不了，但不知為何，現在成了一件大事。我最後鼓起勇氣說：「最近怎麼樣，艾倫？你好嗎？現在感覺如何？」

漫長、安靜的五秒鐘過去了。更加漫長、安靜的十秒鐘過去了。我開始懷疑他是不是沒聽到我說的話。我要再問一次嗎？但就在那時，他慢慢地轉過頭來，用那種石內卜一般的眼神盯著我。我屏住呼吸，心想我是否不小心冒犯了他。我們聽著海倫娜在後面放聲尖叫。一陣風吹來。天氣很冷，我們很累，而且我們已經站在這兒三個小時了，但是不能離開現在腳踩的地方。這可不是好萊塢紅毯。

非常緩慢、清晰地，艾倫以平直的語調嚴肅地說，「我已經……到了巔峰。」

然後他轉過頭去，看向另一邊。但在他轉身時，我看到他的嘴角有一絲微笑。這時我發現，艾倫才不是我向來斷定的那種可怕人物，他是一名幽默的冷面笑匠。我不需要怕他，遠非如此。我需要享受與這個聰明機智又有趣的人共度的時光。

電影拍攝開始的時候，你會拿到自己的一張椅子，布質靠背上會有角色的名字。這張椅子會與你共度整個拍攝期間。

有一天，艾倫・瑞克曼和海倫娜・寶漢・卡特、海倫・邁柯瑞（Helen McCrory）[40]、傑森・艾薩克（Jason Isaacs）[41]與邁可・坎邦坐在一起。即使以《哈利波特》的標準來看，那也是一個相當厲害的重量級團體，英國電影界的菁英就在那裡。他們坐在他們舒服的導演椅上。我的椅子是一張小很多的折疊椅，因為一開始拍系列電影的時候，如果給我高一點的椅子，我的腳會搆不到地。艾倫幾乎是馬上站了起來。他走到一位副導演身邊，指著我的方向，要求對方給我一張正常大小的導演椅，這樣我就可以和他們其他人坐在同樣的高度。起初，我不知道他是不是在開玩笑，但我很快就明白，他絕對是認真的。「艾倫老兄，」我說，「沒關係的，我坐我的矮椅子，沒問題。」他不容我拒絕。他沒有小題大作，也沒有不客氣，只是默默地堅持要請人給我拿一張和其他人一樣高的椅子。

那只是一件小事，但我永遠不會忘記那一刻的善意。艾倫希望一個年輕的演員能夠

---

40 譯注：海倫・邁柯瑞（Helen McCrory），英國女演員，活躍於電影、電視劇集與舞台劇，曾獲英國電影學院最佳女主角獎，在系列電影中飾演跩哥的母親水仙・馬份（Narcissa Malfoy）。

41 譯注：傑森・艾薩克（Jason Isaacs），英國男演員，以飾演反派角色聞名，活躍於英美兩地的影視作品，在系列電影中飾演跩哥的父親魯休思・馬份（Lucius Malfoy）。

得到與這些業界大人物平等的待遇。他沒有必要這麼做，但他做了，這件事本身就充分說明了他的為人。

艾倫去世了，讓我經常想起導演椅的那一刻。當然，不僅僅是艾倫。李察．哈里斯、約翰．赫特、海倫．邁柯瑞……越來越多《哈利波特》演員離開了我們，這是不可避免的。想到他們離世了，我就覺得很痛苦，因為直到現在我已經成年，我才開始了解他們對我的影響是多麼深刻，他們作為榜樣是多麼優秀。

我們幾乎不會注意到時間的流逝。有些時候，我仍然覺得自己是那個在HMV偷取DVD的孩子。然而又有些時候，我意識到我絕對不是孩子了。我會遇到一些粉絲，年齡還不到我的一半。事實上，現在會來找我的大多數粉絲在前幾集電影上映的時候都還沒出生。我會在某個電影拍攝現場發現，我在那裡完全不是邋遢的小朋友，而是一名老手。正是在這些時刻，當我必須表現得體的時候，我發現那些演員對我有多麼正面的影響。我和他們一起長大，而他們已經先走一步了。我又一次發現人生如戲。在《哈利波特》電影中，我們飾演年輕、缺乏經驗的巫師，在學校向傑出的巫師學習，他們將才華傳承給我們一些，然後七年後，我們才成了像樣的大人。現實生活也是如此。製作高層選了一群兒童演員，他們沒有經驗、沒有訓練，坦白說，他們也不清楚自己在做什麼。但是，如果你讓他們與英國的頂尖演員們在一起待上幾年，他們一定能學會一兩件事。

而我們也學會了，但不是以笨拙的方式學會。從來沒有人把我帶到一旁說：「孩子，這就是你在電影拍攝現場應有的表現。」從這些人沒有做的事和他們有做的事之中，我學到的一樣多。他們沒有要求特殊待遇。他們沒有對人大小聲，也沒有對任何事情小題大作。在我相當後來的職業生涯中，我才發現這並不總是常態。我曾在拍攝現場，尤其是在美國，看到有演員會故意遲到一個小時，因為他要大牌或是根本不在乎。也看到有演員會在一場戲的中間大喊「卡！」，而那絕對不是他們該做的。與我的導師們展現出的溫和有禮、準備充足的英式權威相比，那些行為截然相反。有人評論我在拍攝現場的行為舉止的時候，我總是覺得很意外，對周圍的人沒有基本尊重的行為居然是可以被接受的。這是我們從艾倫等人身上學到的態度。我想，他們是我們這些小孩長大後沒有成為混蛋的主要原因之一。我們在成長過程中，看著他們以善心、耐心和尊重對待現場的每個人。艾倫經常會主動為大家泡茶。他對我們這些孩子——更重要的是，他對劇組的所有成員，從攝影組到餐飲組——的說話方式與他對同輩演員的說話方式無異。他引人注目的時候——比如當我們踩到他那該死的斗篷時——他的眼睛裡總是微微閃爍著被逗樂的神色。有時可能很難辨別，但那個眼神一直都在。

現在我長大了，我真希望可以對那些已經離開的演員說一聲謝謝，感謝他們為我們所做的一切。他們以身作則，讓我們謙虛和善，我將永遠對此心存感激。

22

頭號不受歡迎人物（第三部分）

Undesirable No. 1(Part 3)

世上最棒／最糟的陪同者

The World's Best/
Worst Chaperone

如果你是拍攝現場的兒童演員，你需要一位陪同者。這是法律規定的，而且也是有道理的。現場有數以百計的小朋友到處亂跑的時候，要掌握誰在做什麼並不容易。陪同者在拍攝現場的責任是確保你的安全，並確保你有遵守眾多規定，這些規定規範了兒童演員在一天的拍攝中可以做什麼、不可以做什麼，而其中最主要的工作是計時。他們必須確保你在拍攝現場的時間一次不超過三小時，並且確保你每天有達成上課時數。然後，他們必須確認你有好好吃飯，而且沒有惹上麻煩。有些規定在當時看來很荒謬。陪同者甚至應該陪你去上廁所，所以他們總是知道我什麼時候在方便。

我們之中，有些人——包含艾瑪和魯柏——有專業的陪同者。這是他們的工作，他們非常嚴謹，克服種種障礙、規規矩矩地行事。有一些孩子是家人陪伴。例如，丹尼爾有他的父親艾倫（Alan）作為陪同者。我有外公在一旁仁慈地看著我（同時也教我如何冷笑），我還有我媽媽，反正她已經習慣在拍攝現場陪我了。

然後到了拍攝《阿茲卡班的逃犯》的時候，大家都沒有空，當絕望襲來，我就有我哥哥克里斯陪我了。從小朋友的角度來看，他是最棒的陪同者。而從客觀的角度來看，他可說是電影製作史上最糟的陪同者。

我已經向各位提過我們的習性了，我們會花一整晚的時間釣魚，然後回到片廠，假裝我睡了整整八小時，精神煥發。在那些通宵的活動中，克里斯教我的不只是如何釣鯉魚。他還教了十四歲的湯姆如何卷大麻菸。不意外的是，我很快就從幫忙卷大麻菸變成抽大麻菸了。正如我可能已經提過的，有三個哥哥意味著我比一些人更早開始從事某些活動。

克里斯成為我的陪同者時，我已經從更衣室搬到拖車上了——我的個人拖車就停在五號門外的停車場。我去做梳化的時候，他就會去食堂吃飽飯，然後就在拖車上昏睡一整天。那種時候，我一整天都不會看到他。結束一天辛苦的拍攝後，我就會回到拖車，看到克里斯伸懶腰、打哈欠，正想著是不是要起床了。接著他灌下一杯茶，抽幾根菸，然後我們全身包緊緊，回到湖邊，從頭再來一遍。

嚴謹認真的專業陪同者會拿著碼錶站在一邊，確保他們負責的孩子在拍攝現場沒有超時，確保他們的學習沒有因為在教室的時間不足而受到影響。嚴謹認真的專業陪同者會把他們負責的孩子盡快從拍攝現場趕到教室。克里斯可不是這樣。如果他沒有在拖車上打盹，我們會一起從拍攝現場漫步到教室，走最為繞路的路線穿過片廠，中間也許會在廚房停下來喝一罐可樂、吃一條巧克力（「想拿什麼就拿什麼，老弟，想喝多少就喝多少！」），並花幾分鐘的時間在霍格華茲餐廳後方至少吸一口「新鮮空氣」。

陪同者會掌控每日津貼。每日津貼是給每個演員、陪同者和劇組人員的現金津貼，每周發一次，用於支付我們拍外景時的日常生活費用。每日津貼的金額約為每天三十英鎊，由陪同者管理，用於飲食、洗衣、打電話回家等支出。當然，把現金直接給孩子簡直是瘋了，對吧？

克里斯並不這麼認為。身為很酷的哥哥，他很樂意直接把錢交給我。當然，他也不忘下下馬威，威脅我要扣下這些錢——「照我說的做，否則就沒收你的每日津貼，小與！」——但總的來說，現金是直接進了我的褲口袋。由於我可以用一包臘腸點心棒（Peperami）和一包麥考伊洋芋片（McCoys）來撐過一整天，而且洗衣服這種平凡小事不會讓我想要花掉我的二十鎊新鈔，每日津貼對我很有幫助，都拿去買新的滑板輪子和最新的電腦遊戲了。〔克里斯的每日津貼花費方式，製作高層肯定沒有想過，津貼也肯定不是為此設立的：那是他的大麻錢，那筆錢讓他能夠繼續當個「哈草波特」（Harry Pot-head）。〕

克里斯也不是不會偶爾從片廠「獲得」一些紀念品。我並不是說完全是因為他的緣故，讓他們在最後三集電影拍攝期間實施突襲檢查，對所有離開片廠的人檢查車上物品。我並不是說由於他順手牽羊的把戲，他們不得不雇用一整支保安部隊。李文斯敦片廠有不少慣犯會自取所需，抓一把金加隆（Galleon）[42]或是偶爾拿一條霍格華茲的領帶，不過就不法分子而言，克里斯是老大。當然了，幾本吉德羅．洛哈（Gilderoy Lockhart）的《神奇的我》（*Magical Me*）[43]道具書有如使用了現影術[44]一般，出現在他的包包裡。不過我要趕緊補充說明，我把他說成冷酷無情的罪犯，但他不盡然是那樣。他拿走的幾樣東西最終都被拍賣了，要不是給了當地的慈善機構，就是給了他在乎的目標和理念。有一次，有人開價一大筆錢，要他偷偷在片廠拍攝照片，好在下一集電影上映前洩露出去。當然，他拒絕了（至少他跟我說他拒絕了）。

因此，他是最糟的陪同者，但也是最棒的陪同者。我當時還只是一個滿臉青春痘的青少年，但他把我當做一個成年人。而且他絕對是片廠最受歡迎的人之一。大家都喜歡克里斯，我認為這種經歷對他來說也是好事。一開始到片廠的時候，他沉默寡言，看起來或許甚至有點可怕，因為他頂著光頭，戴著兩個金圈耳環。片廠的大家都張開雙臂歡

42 譯注：《哈利波特》魔法世界的貨幣之一，屬於英國最高等級的貨幣。
43 譯注：《消失的密室》中，黑魔法防禦術教授吉德羅．洛哈（Gilderoy Lockhart）的自傳。
44 譯注：現影術（Apparition）是《哈利波特》魔法世界中，一種魔法旅行的方式。它可以讓使用者抵達他們想前往的地方。在使用者專注於目的地之後，他們會從當前的位置消失，並出現在腦中所想的地點。巫師必須年滿十七歲且通過現影術測驗後，方可使用現影術。

迎他，這讓他軟化了一些。他總是有點尖銳，看不起演戲這份工作——當然，他與金克不同——但我敢說，與《哈利波特》大家庭共度的時光讓他得以展現比較感性的一面。真是個乖寶貝。

除了硬蕊黑幫饒舌、釣鯉魚，我和克里斯也愛上了各式各樣的車。我們那時會一頁一頁瀏覽《汽車交易市場》（*Auto Trader*），對潛在的收購品垂涎三尺。我們對ＢＭＷ癡迷，尤其是黑色的車款。當時我還太年輕，不能開車——克里斯有駕照，所以我在他的影響之下也跟著變成愛車人士，就像我學他的其他許多愛好一樣。因此，附近有一輛黑色的 BMW 328i 刊登出售時，我發現銀行賬戶正好有足夠的錢幫我哥哥買車，我心裡毫不懷疑，這是把工資花掉的好方法。我們搭了計程車去賣家的住處，交給他一個裝滿舊鈔的特易購（Tesco）塑膠袋。不用說，他覺得我們有點可疑。我們在那裡坐了很久，看著賣家點收鈔票，把每張紙鈔都舉到燈光下檢查，同時我們逼自己假裝很冷靜，好像我們每天都在做這種交易。賣家對他的現鈔感到滿意之後，克里斯就拿了鑰匙，坐上駕駛座，我坐在旁邊。他努力壓抑著自己，在路上慢慢地把車子往前開了兩百碼（一百八十公尺），轉了個彎，離開了前任車主的視線。他把車子停下，拉了手煞車。他轉過頭看著我，一臉難以解讀的表情。然後，他用雙手抓住我的頭，親吻我的額頭，並發出一聲激烈的尖叫歡呼。我發誓，他的眼眶泛淚。「謝謝！」他反覆說著。「超級感謝你！」我們倆得意洋洋地歡呼起來，彷彿我們成功犯下一宗精心策畫的大規模搶案。我離能夠開車的年齡還有好幾年，但我和克里斯一樣迷戀那輛ＢＭＷ。它的車輪、引擎轉動的轟鳴聲、那激烈的加速。在大多數情況下，我和那種房間牆上一定要貼法拉利海報的普通青少年沒有什麼不同。唯一不同的是，在這種情況下，我有辦法讓我和克里斯的夢想成真。

各位現在或許已經發現了，在世上最棒／最糟的陪同者的影響之下，我偶爾會表現出更叛逆的一面。克里斯介紹了大麻這個禁果給我，當然，我聽過的每一首饒舌歌都有提到大麻。因此，我把他介紹的「魔鬼生菜」[45]拿去用，也許並不是很意外。這導致了

45 譯注：Devil's lettuce，大麻的俗稱。

或許是我少年時期最愚蠢的時刻。

場景是在薩里郡布肯姆的村會堂後面，雜草叢生的一塊地，那裡離我和媽媽住的地方非常近。那是我父母離婚後，我正經歷典型的青春期階段。我們有四個人，在草地上圍一圈坐著。我穿著我很喜歡的武當幫紅色連帽衫，大家正在傳遞大麻菸。卷菸用具散落在我們四周：菸草、卷菸紙、一支打火機、八分之一盎司（三．五公克）的大麻樹脂。我們的小團體彌漫著一股錯不了的大麻草腥味。

大麻菸傳到我手中的時候，我抬頭看到兩位員警，一男一女，離我們不到一百公尺。他們正朝著我們的方向走來，腳步中帶著某種目的。

該死。

我的哥哥——我不想透露是哪一位——曾給我一個建議，以應對這樣的場合。「老弟，你只要記住：如果東西不在你身上，他們就不能因此而抓你。」根據我的法律顧問，警察必須證明你確實犯了持有這些物品的罪。他告訴我，如果大麻不在你的口袋裡，你就絕對安全。這句話在我耳邊響起，這時員警離我不到五十公尺，我站了起來，穿著鮮豔奪目的亮紅色連帽衫，把卷菸用具收集在懷裡，然後試圖把用具和手上的大麻菸一起塞進附近的灌木叢。我在員警持續靠近的時候，在他們一眼就看得見的地方做了這件事，然後回到我的朋友身邊，再次坐下。

員警來了，他們往下看著我們。我們抬頭用無辜的眼神看著他們。大麻的古怪臭味完全暴露了我們的所作所為。

外景　薩里郡某處的社區場域　日

員警：你們在做什麼？

湯姆：（信心十足）沒什麼。

員警：有什麼吧，我們看到你剛才把什麼東西藏進樹叢。

湯姆：沒有，你們沒看到。

員警：（很有耐心）有，我們看到了。

湯姆：沒啦，夥計。不是我。

△一片漫長又沉重的沉默。兩位員警眉頭一挑，對這群小屁孩與他們站不住腳的法律策略顯然不以為然。隨著每一秒過去，這群小屁孩顯得越來越沒把握。最後……

員警：孩子，你**真的**要這樣搞嗎？

湯姆：（崩潰了，信心流失）對不起，我不要這樣。聽著，我真的很抱歉，可以嗎？我真的很抱歉。**拜託，我真的很抱歉……**

他們叫我回到灌木叢，把東西拿回來，其中包括那支抽了一半、還在燃燒的大麻菸。可想而知，我因為價值約五英鎊的大麻樹脂而被捕了。這不是什麼世紀之案，員警並沒有破獲什麼大型跨國販毒集團。在其他時候，我想他們應該會給我們嚴厲譴責一番，然後就會送我們回家了。然而那位女警正在受訓中，而男警要向她示範如何按規定來辦理。於是我被塞進警用廂型車後座，車門在我身後咣地一聲關上。

我被當場逮捕。不過，我這次的觸法事件可能會導致更糟的後果。我相信華納兄弟有一定的影響力，能夠在他們的演員違法被捕的時候把消息壓下去。但跩哥因為抽大麻而被捕，這可能紙包不住火了。然而，我坐在廂型車上，一點也不擔心那個問題。我對任何事情都不擔心，因為大麻讓我嗨翻天了。然後，我突然想到了。就像我在HMV被抓到一樣，有一件事情會給這個充滿遺憾的行為雪上加霜。拜託，我心想，拜託不要打給我媽媽。

他們打給我媽媽了。

沒有什麼比看到媽媽失望的眼神更糟的了，尤其是媽媽眼中滿是淚水。我們坐在警察局一間小偵訊室的桌子旁。一位穿制服的員警走了進來，對我進行了全面的偵訊，有如《反腐先鋒》（*Line of Duty*），然後我挨了一頓人生中最嚴厲的責罵。我相信他們只是想嚇唬我不要再犯，但當然，我清醒過來，因為讓媽媽失望而感到羞辱之後，我不禁心想：他們認出了我嗎？如果他們認出我了，那他們很專業，沒有提及此事。如果沒有認出我，我（再度）很慶幸自己的名氣沒有像丹尼爾、艾瑪、魯柏那麼大。我被送回家，又一次夾著尾巴，覺得自己很蠢。令人高興的是，華納兄弟從未發現我的違法行徑（至少他們沒有跟我說過）。我飾演跩哥的日子還沒有結束。

23

馬份之道

Malfoy's Manner

老佛的擁抱

A Hug from Voldy

我已經向各位介紹過我的麻瓜家庭了。不過，飾演踟哥的一大好處是能有第二個家庭：我的巫師家庭、食死人一家。當然，在故事中，沒有哪個家庭能比馬份家更不健康了。要理解踟哥，你就要了解他是在施虐的父親身邊長大的。他從來沒有機會成為這個討人厭的角色以外的樣貌，因為他從來不知道有任何其他的樣貌。不過，在現實生活中，故事與鏡頭之外，我和我的馬份家庭幾乎和我的麻瓜家庭一樣親。我現在還會叫飾演魯休思的傑森·艾薩克為爸爸，這是有原因的。

我第一次見到傑森的時候，絕對是嚇瘋了。我和克里斯都看過《決戰時刻》(*The Patriot*)，我們很喜歡他的角色是多麼的邪惡。我們的第一場戲是在夜行巷 (Knockturn Alley) 的黑魔法商店波金與伯克氏 (Borgin and Burkes) 的外頭。這時我們在拍的是第二集電影《消失的密室》，我清楚記得這位親切迷人的男子伸出手來和我握手，並自我介紹說是我的父親。當然，他已經打扮成魯休思·馬份的樣子。然而，他身上沒有一絲魯休思的危險氣息。他馬上變得特別照顧我，在我身邊向其他演員和劇組人員自我介紹，讓我覺得非常自在。他主動說要幫我泡茶、一起練習台詞。他開始講一個小故事，周圍的人聽到開頭馬上發笑了。聽著他的故事，我感覺與有榮焉的時候，我聽到了「現場請安靜！」我知道那代表的意思，但傑森還是繼續講他的故事。

「開機！」我吸了一口氣。傑森看來似乎不需要吸一口氣。

「……Action!」

故事結尾說到一半，他轉身看著我，好像他恨我——以一種充滿愛的方式。傑森不見了，這個人是魯休思……

看到一個人的性格如此突然且徹底地轉換，讓我有一種很混亂的感覺。我不需要演戲，就能立刻展現我對他的恐懼。也許他是故意這樣做的，也許不是。無論如何，效果都非常好。魯休思的服裝有一根黑色的手杖，末端有兩根獠牙。這是傑森的主意，手杖裡面要藏著魯休思的魔杖。他第一次向克里斯．哥倫布提出這個想法時，克里斯並不買單。但傑森堅持說：「我覺得這個主意很酷！」哥倫布回答說：「道具採購人員肯定會愛死你……」手杖末端的獠牙比我們倆想像中還要鋒利許多。第一場戲中，傑森用它打了我的手。我忍住眼淚，設法無視我所受到的物理傷害，繼續入戲到場次結束，而這期間傑森都用看著垃圾的眼神看著我。然後，我們聽到「卡！」魯休思．馬份消失了，傑森帶著歉意與關切回來了。他那句無情的「別亂碰，跩哥！」變成了一句充滿同情與關切的「親愛的孩子，我有弄傷你嗎？你還好嗎？」切換之快，就像按開關一樣。

就算到了現在，我每次想起傑森的變臉，還是會起雞皮疙瘩。他是魯休思的時候，我從來不知道會發生什麼。這次他會從哪個角度打我？他會如何施展他的威壓？從表演的角度來看，那是一份禮物。他的表演讓人得以理解跩哥。看到他以這樣的方式對待我，讓我有權以同樣的方式對待其他人，因為這件事幫我理解跩哥的兩面性：他當然是個霸凌者，但在內心深處，他是一個害怕父親的小男孩。

我後來明白，傑森瞬間切換角色的能力是獨一無二的。和我共事的許多大人演員都有一些例行的小動作或發聲練習，用來脫離自我、進入角色，但傑森似乎能夠在彈指之間化身為魯休思。我從未見過像他這樣在電影拍攝現場如此自在的人，彷彿他在拍攝現場出生長大一樣。他和每個人都會交談，不會讓任何人覺得被忽視，而且總是在講精采的小故事。當「現場請安靜！」的指令響起，所有人開始準備拍攝時，你可以肯定傑森仍然滔滔不絕，因為他知道一旦聽到「Action!」，他就能立即進入角色，毫不費力。真的令人驚嘆。

從第一天起，傑森就像對待自己的同輩一樣對待我，把我當作平輩，喜歡和我談天說地。（這一點是否屬實，你就得問他了。）我還小的時候，他在片廠照顧我。我長大後，他開始對我的生活、我的熱忱、我的音樂、我的好習慣與壞習慣，以及我的職涯感興趣。他從不批判。他是我遇到第一位開誠布公談論從業經驗的成年人——無論是高潮、低谷，或是中間的一切。他建議我應該如何為自己的未來做準備。他告訴我，我是一個很好的演員，千萬不要浪費我的機會。他的鼓勵讓我有點受寵若驚，但能得到這樣的支持很令人欣慰，有這樣的一個人在我身邊，如此樂於付出時間與精力，也讓我感到安心。如果我能在職業生涯中有他在片廠一半的投入與助人精神，我就會認為每次演出都做得很好了。

我已經說了很多傑森的好話了吧？好的。我們喜歡有彼此作伴，但也很喜歡拿彼此開玩笑，所以我可不能只對他讚不絕口，他可不是這樣教我的。傑森並不是，怎麼說呢，完全沒有演員的老毛病。他從來不會害羞靦腆。不過當然，我們周圍有這麼多厲害的演員，有時候你必須努力刷存在感。

這是其中一個例子：我們在拍攝《死神的聖物》[46]的開頭[47]，佛地魔坐在馬份莊園的長桌主位，食死人們圍著長桌坐，慈恩．波八吉（Charity Burbage）[48]飄浮在空中，即將被殺害。對我來說，那是很大的一場戲。我是唯一的年輕人，被這麼多厲害且經驗豐富的演員包圍。有一個喜願基金會（Make A Wish）的小朋友和家人在我們開始拍攝前造

46 譯注：原文為「final film」，但以觀眾角度應為倒數第二部，但站在演員角度拍攝作業是一起進行的。
47 譯注：原文為「opening scene」，電影實際為開場戲，接著過場 LOGO，接著才是這一場。
48 譯注：霍格華茲的麻瓜研究學（Muggle Studies）教授。

訪了片廠，他興奮地把小說遞給傑森簽名。傑森將書翻到我們正要拍的這一場，發現魯休思在原作的對白比劇本上的台詞還要多很多。傑森不是那種會藏而不露的人。他的眉頭皺了起來。「天啊！」他大聲說。「我在書裡面有說這句！」他把小朋友的那本小說拿去給導演大衛．葉慈看。「你看這句台詞！」他大聲說。「我覺得我把這句台詞說出來會很棒，你說呢？」

大衛不確定他是不是在開玩笑，我到現在也不知道他是不是在開玩笑。無論如何，大衛的臉上流露出無限的耐心。這並不是傑森第一次試圖修改劇本，給自己多一點出場時間。大衛採用了一種親切的感激語氣。「謝謝你，傑森。不，真的，謝謝你。這真是個好主意，但也許我們可以按照劇本來拍一次？傑森很清楚自己被禮貌地拒絕了，沮喪的他把書還給了小朋友，小朋友肯定認為他寶貝的小說真的被馬份搶走了。

玩笑歸玩笑，傑森成了我的榜樣。我當然欽佩他的演技，但我也欽佩他對自己家人的奉獻，並感謝他給我的友誼。在《哈利波特》結束後的這些年裡，我和他的聯繫比電影的其他任何人都多。我的目標是追隨他的腳步——但各位可別告訴他我說了這句話。

傑森在拍攝現場讓我感到自在，而另一位演員卻完全相反。無論我和多少傳奇演員合作過，沒有人有雷夫．范恩斯（Ralph Fiennes）[49]那樣的風采。這並不是說他和佛地魔本人一樣可怕——他的臉上總是貼滿綠色的小點點，好讓特效人員把他的鼻子拿掉（劇透警報：他在現實生活中是有鼻子的）。說真的，佛地魔穿著綠色長袍坐在椅子上，一手拿著茶杯，一手拿著報紙，這是很好笑的景象。但當我們在拍攝時，他的存在感很有份量。他不像我們這些小演員，聽從第一副導演卡列拉斯的哨聲指揮。他不像傑森，興高采烈地講述小故事。他不像羅比．寇特蘭，像海格一樣和孩子們一起玩遊戲、胡鬧。他有一種獨具一格的氣質，讓他在現場與眾不同。

我們拍攝霍格華茲大戰（Battle of Hogwarts）的最後一場戲時，我深刻體驗到了雷夫獨特的演戲方式。我們花了幾周進行走位，大家都穿著全套服裝，完全沒有拍攝。我從來沒有在一個場景待過這麼久。這一場戲是如此重要，他們想以各種方式拍攝，好拍出配得上這八集電影的高潮。因此，有很多畫面最後沒有出現在正片中——其中包括跩哥把他的魔杖扔給哈利，讓哈利與佛地魔進行最後決鬥。請各位想像一下！這世上某處

49 譯注：雷夫．范恩斯（Ralph Fiennes），在《哈利波特》系列電影中飾演大反派佛地魔（Voldemort）。表演生涯超過三十年，於電影和舞台劇都有豐富作品，並獲得許多榮譽，曾參演的知名製作如《辛德勒的名單》、《英倫情人》、《布達佩斯大飯店》等。

有一卷膠卷，拍到踱哥拯救了大家的畫面，但沒有人看得到。不過對我來說，最重大的時刻是我在父親的要求下走向佛地魔，那段路我肯定走了三、四十次。我在許多鏡次中都是一樣的演出：經過佛地魔時保持距離，慢慢走路、低著頭、略帶驚恐。雷夫每次看我的方式都不同。有時他會微笑，有時不會。有時他會打斷自己的獨白，叫我回去。這讓我很困惑——我們停了嗎？還是還在拍？他也偶爾會在同一次拍攝中重複他說過的台詞，每次都以非常不同的方式演繹。

在其中一次拍攝，我第N次慢慢走向他的時候，他微微地抬起了手臂。那個動作微乎其微，但足以讓我停下來想：他是想要擁抱我嗎？在不確定的情況下，我靠近他，手臂垂在身旁。他用雙手摟住我，給我一個也許是影史上最冷冰冰的擁抱。即使在拍攝現場，這也讓我心裡發寒。佛地魔的擁抱對踱哥來說是可怕的，對湯姆來說也同樣尷尬。我當時起了一身雞皮疙瘩，現在回想起來仍是如此。

那是五十次拍攝的其中一次。我在倫敦首映會上第一次看到這部電影，我才知道他們用了那個版本。觀眾完全安靜了。那場戲有種非常不正常的感覺，看著佛地魔扭曲的情感表現，讓人覺得很不對勁，我能感覺到周圍的每個人都不舒服地屏住呼吸。太棒了！然後我去了美國的首映會。我坐在那裡，迫不及待地等待觀眾同樣的反應。我看著自己走向有史以來最邪惡的黑巫師，我看到他給我那個超級尷尬的擁抱。我滿懷期待地坐在那裡，等待全場震驚的沉默。然後，我聽到觀眾席上的每個人都開始崩潰大笑，美國觀眾覺得那場戲超級好笑。直到今天，我還是不知道為什麼，但我喜歡！

已故的海倫·邁柯瑞從第六集電影加入我們，飾演我的母親水仙·馬份（Narcissa Malfoy）。原先有討論要讓她飾演貝拉·雷斯壯（Bellatrix Lestrange），但她懷孕了，決定不接那個角色，專心當個媽媽。加入一個由馬份家族與眾多食死人組成的緊密團體，還要在傑森與雷夫之間的銀幕張力下演出，有些人可能覺得這很嚇人。但我從來不覺得海倫有任何一刻被嚇到，她太酷了，不受影響。

海倫是毫不費力的酷。她會安靜地坐著，用甘草菸紙卷著自己的香菸，從不覺得有必要插嘴、搶別人的話，或只是為了說話而說話。她有時候看起來真的很冷酷，好像隨時都可以把你放倒在地，但我發現她的內心是溫柔的。我很快就感到足夠的自在，可以問她關於生活、愛情與各式各樣的問題，而她總是非常樂意花時間給我建議，從不對我說教。她的做法和傑森或雷夫的做法完全不同。她進入角色的時候，沒有像傑森那樣突然的切換，也沒有像雷夫那樣長時間的戲劇性沉默。她的轉換幾乎難以察覺，但當她成為水仙時，她的眼神傳達出角色的一切：你可以看到馬份的冷酷無情，但你也可以看到她天性比較柔和的一面。我幾乎不需要看著她，就發現自己對跩哥有了更深的了解。

我們從未明確得知跩哥為什麼會如此害怕殺害鄧不利多，不過我的理論是這樣的。如果我們只看到跩哥的父親對他的影響，跩哥的反應可能就說不通了。然而我們也看到了跩哥的母親水仙對他的影響，這個女人願意向佛地魔撒謊以拯救兒子。正是這種影響賦予了跩哥人性，如果我在第六集電影有成功捕捉到跩哥的一點人性，那有一部分要歸功於海倫的出色演技。以自己安靜的方式，和其他人一樣，她塑造了我的表現。

在佛地魔的擁抱場景中，跩哥不確定是否要離開霍格華茲的同學而走向食死人，那時是他父親的急迫呼喚引起了他的注意，是他母親的溫柔讓他下定決心。海倫呈現了水仙性格中柔軟的一面，給了跩哥走出去的理由。人生如戲，戲如人生，我也很難拒絕我媽媽。

24

萬物必將消逝

All Things Must Pass

霍格華茲餐廳的女孩

The Girl from
the Great Hall

讓我們回到這本書的前面。這是我第一部電影《寄居小奇兵》的最後拍攝日，我坐在梳化椅上，紅色卷髮慢慢被剪掉。突然間，我意識到這個製作已經結束了，悲傷襲來，我開始哭泣。我把這歸咎於造型師阿姨，說她的剪刀刺到我，但那根本不是事實。事實是，我不擅長面對結束。

但正如我最喜愛的披頭四成員所唱的，萬物必將消逝。《哈利波特》電影的最後一集是一項大工程，因為它是兩部電影一起拍攝，而不是像前幾集有六個月的拍攝間隔。拍攝似乎永無止境。我在那裡的時間還不到丹尼爾、艾瑪和魯柏的四分之一，所以天知道他們跑這場馬拉松的感受如何。然而，最後幾天的到來遠比我想的要快得多。我們的人生有一半的時間都認爲終點遠在天邊，但它很快就悄悄逼近了。同時，終點出現在眼前的時候，我們普遍有一種解脫感。然而解脫並不等於快樂，我在片廠的最後一天到來時，我知道自己會有什麼樣的反應。畢竟，我已經有過經驗了。

我的最後一天是第二工作組的拍攝。我們拍了跩哥離開戰場的場景，他在布滿瓦礫的橋上匆匆走過，然後停了一會兒，轉身思考片刻，接著繼續走。這是沒有出現在正片的眾多場景之一。我們殺青的時候，我努力控制情緒，迅速地和劇組人員握手，輕聲說了幾句簡短的英式告別，然後我就離開了。

我一上車就開始嚎啕大哭。淚水不停地流，但我盡量不讓我的司機吉米看見。這一次，我沒有人可以責怪了，所以我讓情緒宣洩。每當有人問起那一刻，他們都希望聽到我與丹尼爾、艾瑪、魯柏和其他演員深情告別的故事，然而這些人都不在我最後拍攝日的現場。而且無論如何，我一些非常親的朋友都是攝影組、特效組或造型組的成員。這麼多年來，他們在我生命中占了非常大一部分，離開他們讓我很難過，就像離開其他演員一樣。我知道，我沒辦法像從前一樣經常見到這些人，甚至可能再也見不到了，而且這不是出於選擇，而是大家要各自過生活。這是一個很惆悵的想法。

《哈利波特》之外，我還有過其他的演戲經歷。在第五集和第六集電影之間，我在一部名為《消失》(*The Disappeared*)的電影中參與演出。那是一部低成本的作品，魯柏．格林特的伴侶喬治亞（Georgia）也有演出，主要在倫敦的地下洞窟拍攝。以一場體驗來說，它與魔法世界有天壤之別。從表演的角度來看，《消失》更是一種挑戰。《哈利波特》非常依賴服裝和布景，只要你人到了，看起來像你的角色，那就完成了一半的工作。在這部片中，我不得不更深入刻畫我的角色，我朋友的弟弟被抓走了，被一個發狂的牧師扭斷了脖子（我媽媽對這件事的喜愛程度就像詭異的橡膠湯姆一樣）。就規模而言，這部片也不一樣。我已經習慣了花四個小時來為一場戲走位，四周是大量的劇組人員與高預算電影場景的各種設備。拍這部片的時候，我在半夜來到象堡（Elephant and Castle）的一個公共住宅遊樂場，由一個比我大不了多少歲的人拿著攝影機。我們沒有排練時間，因為從我們走進拍攝現場的那一刻起，我們就注定進度落後了。我第一次發現自己身邊的演員都是剛從戲劇學校畢業的，而不是大明星，拍攝環境也更加即興。在《哈利波特》中，劇本受到嚴格的控制，幾乎沒有即興發揮的餘地，無論傑森·艾薩克多麼努力地想加入額外的台詞。我學到，在其他製作中，對白與角色塑造可以在一個合作成分更高的過程中提出來討論。對我來說，這是一條巨大的學習曲線。

同樣也是第一次，我可以自己開車去拍攝現場。我必須自己過去、自己想辦法。因此，身為演員，《消失》在拓展視野這方面對我來說固然重要，然而從某些方面來說，這部片對於我作為正常人的發展更為重要。

對我來說，融入大家似乎總比被認出來更好。這方面我很幸運。我設法避免讓《哈利波特》成為我生活中最突出的部分。我有很多更重要的嗜好：釣魚、音樂、汽車、和朋友一起玩，《哈利波特》在這份清單上排在第四或第五名。我想，對於丹尼爾、艾瑪和魯柏來說，這肯定要困難得多。《哈利波特》一直是他們生活的重心，然而對我來說，參演《哈利波特》電影只是我做的其中一件事。

可能會有人覺得難以置信，但這是真的。事實上，與大家的預期相反，電影結束之後，我因爲參演《哈利波特》而受到的關注反而變多了，程度無法想像。以前，我可以很輕易地走在街上，即使頂著一頭閃耀的金髮，也不會被人認出，不會有人大喊我的名字。現在更難了。一年又一年過去，《哈利波特》似乎都會變得更受歡迎。我覺得很難精確描述原因，但說到底，我認為這一定是因為原作故事精彩萬分。與同一時期的許多兒童故事不同，《哈利波特》的小說和電影正從一代傳到下一代。《哈利波特》是少數能將十三歲和三十歲的人聯繫起來的文化標誌。這意味著，越來越多的人被魔法世界吸引，已經出現雪球效應。如果當年拍電影的時候有人告訴我，在未來的幾年內，環球影城（Universal Studios）會有哈利波特主題樂園，而且我會為這個區域的開幕剪綵，我一定會當著你的面大笑。

因此，雖然最後一集電影殺青後必然有些悲傷，但我也可以享受輕鬆的生活。我可以不必每周坐在梳化椅上，讓鋁箔紙包住頭髮。我可以重新專注於我生活中普通的部分。儘管受到邁可・坎邦、艾倫・瑞克曼、傑森・艾薩克等人的鼓勵，我發現自己並沒有特別專心發展我的演藝事業。我並不渴望大紅大紫、成就非凡。我不懂那有什麼意義。我當時二十二歲，對我的麻瓜生活感到滿意。我很高興能回到普通人的生活，與我的朋友、我的狗和我的女友在一起。

我第一次注意到她是我十七歲的時候，大約是第四集電影的拍攝期間，我們在霍格華茲餐廳。有一百多位臨時演員會經常出現在拍攝現場，而這一天，她就是其中之一：一個葛來分多傻子，我很遺憾。現場有一條規定，霍格華茲餐廳中的學生不可以化妝，但她並不遵守這個規定。她和我年齡相仿，古銅色的肌膚散發光澤，睫毛又黑又長，看起來美麗動人，我知道被她吸引的不只我一個。

後來我發現她是特技指導的助理，她引人注目的原因很多，但主要是因為她如此嬌小，卻被健壯的特技演員所包圍。有一天，我在第二副導演的辦公室裡，來自霍格華茲餐廳的美女也在那裡，拿著一張通告單，幫忙整理當天的特技時程，我們就聊了起來。我問她要不要喝杯茶、抽根菸，她說：「好啊，沒什麼不好。」於是我泡了兩杯茶，我們下樓到五號門外晃悠，邊喝茶邊抽我那包金邊臣金香菸（Benson and Hedges Gold）。當年我抽太多菸了，不為什麼，純粹是想找點事做。我遞給她一根菸，當時不知道她不抽菸，但她接受了。她看著菸，有點鬥雞眼，吸了兩口就開始劇烈咳嗽。

「妳沒在抽菸吧？」我說。

「有抽，」她說。「只是……這對我來說有點太濃了。」

我們繼續聊天，劇組人員在五號門進進出出，那個地方非常繁忙。道具組的一個小伙子走了過來，我和他很熟，我們經常聊天，但尷尬的是，我忘了他的名字，而且現在問也太遲了。「湯姆，你好嗎？」他爽朗地問道。

「嗨，老兄，」我回應。我露出我最迷人的微笑，然後和他聊了起來。他走進五號門時，我轉向那個女生，決定坦白。「天啊，我真不敢相信！」我說。

「什麼？」

「我們一起工作了這麼多年，我認得他的臉，我們聊過他的家人……但我連他的名字都不知道！」

她沒有笑。她幾乎沒有反應，只是酷酷地看了我一眼，說：「你也不知道我的名字，對吧？」

我一陣恐慌。她說對了，我愣了一會兒，然後我開始彈指，假裝話到嘴邊，快要想起來了。她讓我掙扎了一會兒——不止一會兒——然後讓我解脫。「我叫潔德(Jade)[50]，」她說。

總而言之，這就是潔德，機智聰穎、有話直說，她會叫你廢話少說。我們很快就變得相當親密。潔德很強悍，她必須與特技男演員相匹敵，我不想以偏概全，但他們是片廠男人中的男人。潔德有空的時候，會溜進我的拖車喝杯茶，有一次還得容忍一大群特技男演員衝進來，假裝要打我、把拖車砸了，只是為了讓她難堪。有一天，我對她說：「我們是男女朋友嗎？」我幾乎嚇了自己一跳。她對我微笑。我也回以微笑，而且笑得更燦爛。

我們第一次正式約會去了倫敦動物園（London Zoo），我開了一輛閃亮的紅色BMW M6新車到她家門前接她。她的爸爸——我後來親切地稱他為史蒂維G（Stevie

G）——也有同樣的車，但是是低調一點的版本。他的車看起來和我的一樣，但引擎蓋下並沒有什麼厲害的，我的車則要浮誇許多。潔德的爸爸打開家門，看到一個小伙子，頂著一頭白金色頭髮，開著一輛對任何十九歲的年輕人來說都太厲害的車，準備帶他唯一的女兒在倫敦玩一天。他完全有權對我嚴格審問，或者至少要用懷疑的眼神盯著我看。但我很快就發現，他的心地太善良了，他把我的年少輕狂看在眼裡，沒有作出任何評論。當時的任何人都會覺得我看起來很白癡，而現在回想起來，連我自己都覺得我看起來一定很白癡。我和潔德在倫敦動物園第一次牽手，抽了幾根比較好抽的薄荷涼菸，即使我頂著一頭踐哥的閃耀金髮，也沒有人把我們攔下，甚至似乎沒有人注意到我們。或者更有可能的是，我們只是沒有注意到其他人。

從那以後，事情進展迅速。幾個月後，我帶她去威尼斯慶祝她的十九歲生日（奇蹟似地，史蒂維G批准了）。那是一個糟糕的決定，湯姆。聰明的做法應該是由儉入奢，一旦你在世界上最浪漫的城市訂了一家豪華到很誇張的飯店，未來就沒有太多進步空間了，但我想，我當時是想給她留下好印象。我們去了哈利酒吧（Harry's Bar），世界上

50 譯注：潔德後來於《哈利波特：死神的聖物II》的最後一幕裡飾演踐哥的妻子翠菊．綠茵（Astoria Greengrass）。當時兩人仍在交往中。

最豪華的餐廳之一，我們兩個小鬼，周圍都是有錢的大人。喝了太多貝里尼之後，服務生不得不客氣地請我放低音量。我們玩得很開心。

幾年後，《哈利波特》拍完，我哭了個夠以後，我們又去義大利度假，慶祝我們在電影中的時光。我已經剃掉了金髮，我們一起靜靜地慶祝《哈利波特》馬拉松的結束。我對未來沒有什麼實際的打算，當然也沒有想到自己很快就會重回電影拍攝現場。因此，當我的經紀人打電話給人在義大利的我，說我受邀出演一部大片的時候，我嚇了一跳。這部電影叫《猩球崛起》(*Rise of the Planet of the Apes*)，而我必須在下一周坐上飛機，飛往溫哥華。

直到今天，我還是不知道他們是如何選角的，為什麼從眾多的人選中挑選我來演。即使在當時，我也清楚知道，我能在《哈利波特》演十年，主要是因為我在十二歲時去參加了那場試鏡。如果那天我沒有出席，其他人也會同樣成功地演完這個角色。這次就不一樣了，這是好萊塢的大規模電影製作，由詹姆斯．法蘭科（James Franco）、安迪．瑟克斯（Andy Serkis）主演，預算高達數億美元，製作高層大可以隨意挑選世界上任何演員，而他們甚至沒有讓我試鏡，就選中了我？這令人費解，但我不禁覺得很酷，這是我第一次考慮我作為演員的前途，看起來一片光明。

《猩球崛起》是我參與的製作中，第一個讓我爸爸覺得很興奮的。他是卻爾登．希斯頓（Charlton Heston）原版電影的粉絲，不過我從來沒有看過。當時我甚至不知道我有一句經典台詞：「把你的臭手掌拿開，該死的髒猿猴！[51]」我只知道，這聽起來像一場全新的冒險，於是我心懷感激地答應演出。

當然，《哈利波特》已經是很大規模的電影製作了，但在老舊俗氣的李文斯敦片廠工作，在五號門外呼吸新鮮空氣，仍有一點簡陋、英式的感覺。在好萊塢大規模電影製作中，一切都更大、更好。以餐飲為例，我在溫哥華的片廠被問是否需要「綜合」的東西。

「那是什麼？」我說。

「綜合服務組，」他們說。

「那是什麼？」我又問了一遍。

我被帶到一輛巨大的餐車前，任何時候，我想吃任何東西，他們都會給我。餅乾、熱壓三明治、洋芋片，要什麼有什麼。你想要在凌晨兩點吃冰淇淋？沒問題，想要什麼口味？這就像我的分身麥考利．克金在《小鬼當家2》(*Home Alone 2*)叫客房服務一樣。

這似乎就是我未來的生活了。可以在凌晨時分享用免費冰淇淋的生活。只要經紀人

51 譯注：原文為 Take your stinking paws off me, you damn dirty ape!，此處從電影翻譯。

打一通電話，我就會從一個大型電影拍攝現場被帶到下一個拍攝現場的生活。我心想，就是這個了，這就是我的未來。

事實證明，我錯了。

25

魔杖之外

Beyond the Wand

孤獨洛杉磯

Lonely in La-La Land

《猩球崛起》是一次性的。那是我第一次未經試鏡就拿到主要角色，而這樣的機會在很長一段時間內不會再發生了。那是個意料之外的好運，很難再度出現。

如果當時給我自己處理，那可能會成為我的最後一部電影。根據傑森和其他人的說法，我缺乏主動性，無法展現自己，無法發揮我在《哈利波特》製作的後期所展現的潛力。我甚至想過，如果放棄演戲，轉行當職業垂釣手會不會更開心。值得慶幸的是，潔德對我的未來有不同的想法。如果沒有她的鼓勵，我現在就不會有自己的事業。當我意識到我必須重新開始參加試鏡時，我們做了一個行動攝影套組（各位，那個年代還沒有 iPhone 呀），無論我們在哪裡，她都會陪我一起讀本——這很重要，因為沒有人一起讀的話，就像對著牆打網球。在她的鼓勵之下，我們拍了無數的自拍試鏡帶，試鏡成功率大約是百分之一。同時，一位老同學設法幫我在開普敦拍攝的迷你劇《謎宮》(*Labyrinth*) 中爭取到了一個角色，這是一部歷史奇幻劇，演員包含約翰．赫特、賽巴斯汀．史坦 (Sebastian Stan)[52] 等人。

我飾演特卡維勒子爵（Viscount Trencavel），這個角色和跩哥．馬份截然不同。他要戴著《梅爾吉勃遜之英雄本色》(*Braveheart*) 風格的假髮（好在我對怪髮型並不陌生），身穿鎖子甲，在戲中大步走進他的城堡，在一大群人面前發表英勇的演說。事實上，劇中有兩段英勇的演說，而這讓我非常害怕。我太了解踋哥了，給我任何情境，我都知道他會有什麼反應。要從無到有塑造一個角色，而且還沒有機會和其他演員或劇組人員見面，這讓我感到有些挑戰。雖然我已經習慣了一定規模的製作，但我已經不在我的舒適圈中，沒有李文斯敦片廠、我的拖車和五號門。我抵達拍攝現場時，激勵了自己一頓。你可以的，湯姆，放輕鬆。那天早上，我在現場第一次見到了導演，幾個小時後，我大步穿過一群穿著鎖子甲的臨時演員，準備發表我的第一個獨白。

臨時演員是這樣的：有些人很投入，有些人則不然。有些人會保持專注，有些人則難掩無聊。我在第一次拍攝中，站在他們面前，準備說我的台詞，而且有點緊張的時候，我看見一張張專注的臉孔也看著我，只有一張臉除外。這張臉吸引了我的注意：這位青少年比其他人都年輕，表情讓我想起當年的自己。他用像踋哥一樣的輕蔑眼神看著我，就像我飾演的踋哥一樣。我彷彿能夠聽到他的心聲：喔，這樣啊？小假髮先生要上去喊一串「汝」和「爾」嗎？真是個蠢蛋！

他本人不知道，不過他掘出了我心中所有的不安。於是我當場下了決定：我要直接

52 譯注：賽巴斯汀．史坦（Sebastian Stan），羅馬尼亞裔的美國演員，最為人所知的角色有《花邊教主》中的 Carter Baizen，以及漫威宇宙中的酷寒戰士「巴奇」．巴恩斯（Bucky Barnes）。

對著他發表我的獨白。我的目光沒有在人群中遊移，而是全神貫注地盯著他。我打算效仿雷夫．范恩斯的技巧，讓沉默替我說話。我凝視著他，讓尷尬感逐漸增加。我看到他左顧右盼，顯然在想：他是在看我嗎？漸漸地，我能感覺到他和其他演員一樣，都在認真看待我了。於是我從那個時刻獲得了一點信心，盡我所能地發表了我慷慨激昂的演說。好壞要由其他人來評斷，但回過頭來看，我要感謝那位狂妄的年輕臨演，他給了我所需的燃料和動力，讓我能夠運用多年來從眾多演員前輩身上學到的技巧，吸引人們的注意力。

我的第二段慷慨激昂的獨白就沒那麼成功了。把這個角色給我之前，製片按照標準程序，在電話中與我確認了各種安排。這些日期你有空嗎？你的護照還有效嗎？你有駕照嗎？身為演員，你會發現，針對這些拍攝前的問題，正確答案為：是。你會說史瓦希利語嗎？流利！你能說一口法國口音嗎？當然可以，先生。因此，當製片問我會不會騎馬，我很自然地給了他們想要聽到的答案。夥計，我根本是在馬背上出生的！

那並不完全是個謊言，童年期間，我們的鄰居有養馬，我很小的時候偶爾會坐在馬背上，穩穩地被牽著走。但我實際上很害怕馬兒，而且小時候的那些騎馬經驗與這次拍片的要求大不相同。我得騎馬在一百名身穿鎖子甲、手持劍盾的騎士隊伍中來回走動，一邊激昂地演說。演說到高潮部分時，我要用腳後跟猛踢馬腹，奔馳而去，帶領我的軍隊進入戰場。

然而這匹馬另有打算。第一次拍攝時，到了關鍵時刻，我高喊口號、高舉著劍，準備領著我強大的軍隊邁向榮耀，我英勇地用腳後跟指示我的戰馬前進。臨時演員們怒吼著，準備跟隨他們無畏的領袖走向死亡或是榮耀。然而，這匹馬認為我的演說不夠鼓舞人心，牠對馳騁疆場興趣缺缺，就像拍攝第一天那位年輕臨演對我興趣缺缺。於是我們又試了一次。「為了榮譽！為了家人！為了自由！」為了我的老天……這匹馬幾乎連快步都不願意跑。我看到導演和製片看著螢幕搖頭，這個畫面顯然很荒唐，我們需要想辦法解決。

現場的馬術訓練師是一位個子嬌小的女士，而我的角色穿著一件像石內卜斗篷的巨大披風。訓練師和我一起騎在馬上，她從我身後抓住我的腰，披風把她蓋起來，顯得鼓鼓的。這匹馬對她比對我更加尊敬，到了關鍵時刻，她輕踢馬腹，我那匹勇猛的駿馬就狂奔起來。那真是太可怕了，奔向戰場的同時，我拚命抓住轠繩，瞪大眼睛、臉色慘白，竭盡全力不讓自己摔下馬背。我看過這一顆鏡頭的重播，我的表情是極度的恐懼，那一刻沒有被剪入正片，我並不意外。

我在馬上的不幸時刻還沒完呢。二〇一六年，凱文・雷諾斯（Kevin Reynolds）邀我出演他的聖經劇情片《復活之謎》（*Risen*），他之前曾執導過《俠盜王子羅賓漢》，是我最喜歡的導演之一。我和雷夫・范恩斯的弟弟約瑟夫・范恩斯（Joseph Fiennes）一起飾演羅馬士兵，他對我非常照顧。早期的一個關鍵場景是我們騎馬前往十字架，穿過一大群臨時演員，他們用紙糊的石頭砸我們。在這場戲中，約瑟夫的角色將與耶穌進行對話，而我在一旁安靜地坐在馬上。

這些馬已經在沒有我們的情況下排練了幾個小時，但牠們不知道石頭是用紙糊的，因此自然有些不安。然而，我的馬絕對知道牠背上的笨蛋——正是在下——並不是騎師。約瑟夫・范恩斯精湛演出的同時，我的馬不願意站在原地，牠先是轉向一邊，然後又轉向另一邊，走進人群，然後又離開人群，我完全無法控制這可惡的傢伙。我聽到凱文喊道：「卡！現在到底發生什麼事？」我無力地道歉，最後我們不得不讓一位馬術訓練師穿上羅馬士兵的服裝，這樣我怯生生地坐在馬鞍上的時候，他就可以把馬控制好。

那是我最後一次嘗試在鏡頭前騎馬。

小時候，在《哈利波特》出現之前，我已經試鏡過一百個不同的製作了，當時我已經習慣被拒絕。而現在，我不得不重新適應這種感覺，我每兩周就會去試鏡，而被拒絕的頻率也差不多。當然，我知道有些人很驚訝，我居然需要試鏡，但事實上，我並沒有想過我會拿到任何角色，畢竟我的表演作品並不是很多元。此時面對著發展演員事業的可能性，我回頭發現《猩球崛起》真是瘋狂，找我演出之前居然沒有人確認過我的美國口音。過著打零工演員的艱難生活，感覺似乎更合理一些。

如之前所述，如果一切都由我來決定，我可能會一直停留在那種迷惘的狀態。但潔德推動著我，艾倫．雷德克里夫（Alan Radcliffe）[53]給了我很好的建議：給自己找一個好的經紀人、去洛杉磯，讓自己盡可能多出現在機會面前。於是，我就照做了。

有人曾經說過，演員在紐約的工作機會是倫敦的四倍，而洛杉磯則是紐約的四倍。算一算，就很容易理解為什麼世界各地有那麼多的演員要前進好萊塢。這是一個充滿矛盾的城市：充滿了成功與失敗、財富與貧窮——既令人興奮又令人生畏。早期的日子裡，我看到了洛杉磯的每一面。我會在一家普普通通的好萊塢旅館一次住上兩周，每天

53 譯注：艾倫．雷德克里夫（Alan Radcliffe），是丹尼爾的父親，以文學經紀人為業，亦曾參演過一九八七年電影《寂寞芳心》（*The Lonely Passion of Judith Hearne*）。

讀三個劇本，並盡可能多和一些演員見面交流。

有一些大門向我敞開了。洛杉磯有一家經紀公司願意簽下我。他們帶我去比佛利威爾希爾飯店（Beverly Wilshire Hotel）吃午餐，並驕傲地告訴我，電影《麻雀變鳳凰》（*Pretty Woman*）就是在這裡拍攝的。我禮貌地點點頭，但沒有告訴他們我沒看過《麻雀變鳳凰》。我覺得自己格格不入，一個薩里郡的孩子在好萊塢最高檔、最時尚的地方被招待美酒佳肴。偷偷說，其實我還是比較喜歡吃雞塊。到了他們的辦公室，我站在六個人面前，他們眼中閃動著熱情的光芒，告訴我我會成為大明星，而他們知道如何讓我達成這個目標。每隔幾分鐘就會有一張新面孔走進來，和我握手，說他們是我的頭號大粉絲，很興奮聽到我可能成為他們團隊的一員。我心想，太棒了！有點奇怪，但我可以習慣這種生活。

其他的大門則是比較難打開。我在洛杉磯的第一次試鏡是在一個電視試播集裡飾演老師。我當時沒有意識到，好萊塢會為成千上萬的各種影集製作電視試播集，其中大部分最終都不會被預訂，就像是影視產業的一次性餐巾紙。我當時不知道這一點，對我來說，每一個試鏡都有可能是下一部《哈利波特》。因此，我到攝影棚參加試鏡時，沒料到會發生接下來的事。即使安檢櫃檯後面掛著一張巨大的《哈利波特》海報，我仍然花了一番功夫解釋我是誰、為什麼要進入攝影棚。到了試鏡室之後，我發現我是無數人選的其中之一。我被安排和至少十二個人坐在一起，等待我前面的三、四位進行試鏡，我可以聽到試鏡室裡的一切——這在英國並不常見——而這讓我更加緊張了。輪到我了。我走進試鏡室，看到六個人坐成一排，一臉平淡無聊，如果他們有認出我，也肯定沒有表現出來。我給他們一個最燦爛的微笑，說：「嗨！我是來自英國的湯姆！」

他們什麼也沒說。我走向他們，與他們一一握手，但當我走到第三或第四位面前時，我開始懷疑這個環節可能不需要握手。其中一人證實了我的懷疑，他說：「你可以去站到十字標記上，說出你的台詞就好嗎？」

我回頭看到地板上有一個用電工膠帶貼出的十字標記。「好，」我說道。「抱歉。」然後我就定位。我站在那邊的時候，他們看起來幾乎沒有注意到我的存在。我突然想通了這個現實情況，他們已經在這裡坐了好幾個小時，他們已經聽過這場戲所有的詮釋方式了。這是一個不重要的角色，他們要不是不知道我以前演過什麼，就是不在乎。和我的預期相反，他們等不及想讓我離開。

我恍然大悟之後，變得緊張到了極點。我試鏡的是一個緊張不安的角色，但我不確定這有沒有幫助。我用令人費解的美國口音——一句德州口音，一句紐奧良口音，下一句布魯克林口音——磕磕巴巴地唸著台詞，偶爾為了確保我有說對，還會重複幾次。我覺得很尷尬，他們更是尷尬極了。試鏡到一半時，其中三個人在玩手機。這絕不是好兆頭。

這是我在洛杉磯第一次災難性的試鏡，但不會是我的最後一次（再次抱歉，安東尼爵士……）。我很想說試鏡會逐漸變得容易一些，但說實話，並沒有。不過我對這個過程產生了一種奇怪的癮頭。每次試鏡前，我都會站在房間外頭，我緊張的腦袋會試圖列舉出所有我不必試鏡的理由、所有我應該離開的理由。但事後，完成試鏡那種如釋重負的感覺是無與倫比的。無論試鏡過程是好是壞，腎上腺素飆升的狂喜給我一種獨特的快感。我或許又回到了演藝界的起點，但我卻從中得到了快樂。

洛杉磯有時是個孤獨的地方，尤其是一開始。沒有什麼經歷比獨自身處於這座瘋狂的城市中，試圖弄清一切更令人困惑了。然而，我每次回去洛杉磯，認識的人就越多了。我認識的人越多，這座城市就變得越友善。這座城市變得越友善，我就越被這裡的天氣、樂觀的態度和生活品質所吸引。儘管有一些古怪之處，或者說正是因為那些古怪之處，洛杉磯開始吸引著我。我和潔德在那兒短暫住過幾次，當我有機會試鏡由史蒂芬·布奇柯（Steven Bochco）創作、將在洛杉磯拍攝的新電視劇《一級謀殺》（*Murder in the First*）時，我就去試一試了。我們在潔德父母的倫敦家中客廳（感謝史蒂維G）

拍了無數的自拍試鏡帶，為了拿到這個角色，我無止盡地通過一輪又一輪。最後他們告訴我，我拿到這個角色了，於是我和潔德以及我的狗小樹一起搬到了洛杉磯。

生活很美好，一切都更大、更明亮、更好。我們在西好萊塢（West Hollywood）找到一間漆成白色的小小木造平房，外頭有一個小院子和尖頭木籬笆。漸漸地，隨著我的工作開始增加，洛杉磯極度孤獨的感覺消失了，在這個城市身為公眾人物帶來的快樂也開始顯現。在英國，沒有人在乎你是不是名人。如果有人在乎，他們通常會指著你向朋友嘀咕，或者頂多就是過來問：「呃，你是那個魔法師嗎？你知道，就是那部的那個角色？」往往還會再帶一句嘲諷的評語。但在洛杉磯，隨著我的臉和名字開始變得更為人所知，這座城市不再冷漠，突然之間，我感覺幾乎每個人都很在意我是個名人，而且他們表達的方式前所未有地滿足了我的虛榮心。熱情洋溢的陌生人聲稱超愛我的演藝工作。我的演藝工作？據我所知，除了薩里郡漁場停車場的那份打工，我這輩子從來沒有真的工作過。但現在大家開始把我當作貨真價實的電影明星，我又有什麼資格去爭論呢？我以前從未經歷過這種情況。在我的成長過程中，我很幸運地有三個哥哥挫挫我的銳氣。學校和其他地方也從來沒有讓我覺得自己與眾不同。而現在，洛杉磯的每個人都開始把我當成一個不同的人對待。

一開始是衣服。有人會給我名牌服飾。免費送我？免費。太讚了。後來又變成了汽車。我認識了一個人，他在BMW負責管理VIP車隊。我這輩子從來沒有認為自己是VIP，無論那到底是什麼意思。突然間，我成了VIP，而且他們可以借給我各種車款，似乎隨時想借都行。如果我們來到一家夜店，外頭大排長龍，因為那是最時髦的地方，紅絨繩會立刻被拉起來，我們不用排隊就會被帶進去。當你是「電影明星」，自然就會這樣。我的世界變得充滿瘋狂的機遇、華麗的夜生活，以及——沒有其他方式能形容了——免費的酷東西。我喜歡，潔德也很喜歡。

畢竟，誰不會喜歡呢？

如果你告訴一個人他很優秀，說的次數夠多了，他就會開始相信。如果你拍馬屁拍多了，對方遲早也會買單。這幾乎是必然的。我會開著我當周拿到的亮橘色藍寶堅尼(Lamborghini)，出現在某家新的高級餐廳外頭，我在最後一刻利用我的名氣成功預訂了專屬餐桌，服務生急忙領我入座，而狗仔隊則拍下我低調無比的登場。從前的湯姆會直接打電話給他的哥哥，告訴他這一切有多瘋狂。他會想要踹醒自己，因為這太瘋狂了！新的湯姆沒有那麼做。新的湯姆假裝這很正常。這家高級餐廳的候位名單有如金門大橋一樣長，你幫我留了一個桌子，那是當然的。你會這麼做，那是當然的。

大家怎麼對我，我就怎麼表現。這有趣了一陣子，但也只有一陣子，很快就開始黯然失色。

我從來不知道我想要這樣的生活。隨著時間過去，令人不安的事實悄然浮現在我面前：我不想要這樣的生活。這或許聽起來不知感恩，但我並不是那個意思。我那時很幸運，享有特權，但那個生活有些不真誠。我發現我往往不想要去這個首映會，不想去那個高級餐廳，不想去我們下次度假指定的某個加勒比海島嶼。我想念我以前的生活。我想念我和克里斯在湖邊釣魚的日子。我想念我和艾許一起看《瘋四與大頭蛋》的日子。我想念我和金克一起玩音樂的日子。我想念我和朋友在公園長椅偷偷抽大麻菸的日子。我想念那些可以將空閒時間拿來對著拍子唱饒舌，不用奔波於藝人巡迴行程、被迫露臉的日子。我想念能和一個不知道也不在意我是誰的人，真心進行普通對話的日子。我想念我媽媽。

我應該要注意到這些感受，並做出改變。我應該要把我的擔憂說出來，如果不對別人說，至少應該對自己說。畢竟，這件事要由我作主。但是奇怪的事情已經開始發生了。置身於大家都渴望替我做事的環境中，我逐漸失去為自己做事和思考的能力。當我新委任的洛杉磯團隊鼓勵我發展演藝事業，讓我接觸這種新的好萊塢生活型態的時候，我感覺自己又更進一步，把自己做決定、擁有主見的能力給外包了。如果大家經常告訴你，你有多麼幸運、某種生活方式有多酷，即使你內心深處並不覺得，你也會開始相信。突然間，你的判斷能力變得毫無作用，你就不再是自己了。一點一點地，我變得不再像自己。

我越是深陷於好萊塢的假象之中，我就越沒有機會遇到不知道我是誰的人，以及更重要的、不在乎我是誰的人。每天，我發現自己真誠的人際互動越來越少。似乎總是湧動著一股不平靜的暗流，總是有潛台詞、某種目的。我不再是自己了。從我有記憶以來，我一直都在模仿我爸爸的自嘲式搞笑行為，那種幽默感是我的第二天性，是我重要的一部分。然而在洛杉磯，我身邊的人都不懂那種幽默感。大家都太在意自己了，大家都太在意我了。

也許，在表面之下，還有其他問題在作祟。心理健康問題對我家來說並不陌生。艾許小時候曾因此住院，金克成年後也是如此。我本來就有這類問題的先天傾向。要我把自己描繪成一個被好萊塢毀掉的年輕人是很容易的，但也許事情並不只如此。毫無疑問，洛杉磯讓我感到異常孤獨、與自己脫節：這些情緒在任何人身上都可能引發心理健康問題。當你坐在紅絨繩裡面的座位，或是開著閃亮的橘色藍寶堅尼，也許這些問題更容易被掩飾起來。

我渴望逃離我正在成為的自己。我渴望與那些對紅毯生活毫無興趣的人建立人際關係。我渴望從前的我。我渴望真實。

我在一家叫做巴尼餐館（Barney's Beanery）的酒吧找到了我的渴望。

26

巴尼餐館之歌

The Ballad of Barney's Beanery

假如我是個富有的人

If I Were a Rich Man

讓我來說說巴尼餐館吧。

洛杉磯沒有什麼稱得上古老，但就酒吧而言，巴尼餐館是歷史最悠久的之一。這是一間廉價酒吧，承載著過去六十年的風風雨雨。門戶樂團（The Doors）主唱吉姆·莫里森（Jim Morrison）坐過的位置有一塊牌子紀念他，酒吧的牆上貼滿了六〇年代以來每個年代的收藏品。這些收藏像樹幹的年輪一樣，記錄著時間的流逝。也許這就是我喜歡這裡的原因。巴尼餐館見證了一切，不在乎你是誰。

這裡的常客也是如此：各種膚色，毫不在乎的一群人，與好萊塢圈子中美麗的人們相去甚遠。這些人是我的同溫層，我不必在他們面前裝模作樣，我可以當爸爸教出來的那個隨和搞笑王。

在我的二十歲中到後期，我在巴尼餐館度過的時間、度過的夜晚，已經多到記不清了。在那之前，我並不怎麼喝酒。也許會在婚禮上喝杯香檳，但不會多喝。然而，當你花很多時間光顧廉價酒吧，渴望正常生活時，不可避免地會喝很多。我從不怎麼喝酒的人，變成每天太陽還沒下山就要固定喝上幾杯啤酒，而且每一杯還要配上一 shot 威士忌。

即使在你狀態最好的情況下，喝酒也可能會成為一種習慣。當你喝酒是為了逃避，就更容易養成習慣了。這個習慣從酒吧滿溢出來，有時還會帶到拍攝現場。到後來，我已經會不假思索地在工作時喝酒。我會毫無準備地到場，不是我想成為的專業人士。不過，酒精並不是問題所在，喝酒只是症狀。我的問題更深層，讓我幾乎每晚都光顧巴尼餐館。我會坐在吧台，面前永遠會有一杯啤酒或是更烈的酒，與常客們瞎扯亂聊。一直到淩晨時分，我都在喝酒、說廢話、玩沙壺球[54]，消磨時間。我告訴自己，我在那裡玩得很開心，而從某個角度來看也確實如此。但從另一個角度來看，我是在逃避著什麼。我也許是在逃避我自己，或者是逃避我的處境，而巴尼餐館是一個很好的藏身之處。

我與酒保們交了朋友——她們大多是女性。這些女生見多識廣，性格強硬，而且並不以友善著稱。大約六個月後，她們對我的態度稍微緩和，我們開始有說有笑，她們都非常有幽默感。對我來說，晚上光顧巴尼餐館有一半的吸引力在於我們可以一起嘻笑打鬧。在我的人生徹底改變的前夕，我也去了巴尼餐館。

那天晚上我應該乖乖上床睡覺的，因為隔天有一場我預期會很重要的會議，要到我助理的辦公室。這場會議是二十四小時前才安排的，但我知道可能是一件大事。在正常的流程下，如果我的團隊有一個希望我考慮的劇本，他們會在我們開會討論之前先把劇本送過來讓我讀過。然而這一次，我的助理要我進辦公室談一個我沒有看過的案子，不

54 譯注：沙壺球（Shuffleboard），或譯沙狐球，是一種常見於美國酒吧的桌上娛樂遊戲。

需要事先閱讀。我自然而然地認為這表示有一個大製作正在醞釀，我很興奮。

然而，應該在床上睡覺的我，整個晚上都在巴尼餐館。我完全沒有睡覺，有點醉醺醺的，或許是多喝了七杯威士忌。我向女酒保們道了晚安、明天再見。隔天早上，我把我的寶馬交給管理公司辦公大樓外的代客泊車，想到正在醞釀的大案子，我特別精力充沛。辦公室坐落於洛杉磯高級地段的玻璃摩天大樓內。我搭乘漫長的電梯到達頂層，前一晚的酒還沒醒，在櫃檯簽到。幾分鐘後，我的助理來接我參加會議。

我有沒有察覺到他的舉止有一絲唐突、一絲拘謹？也許有，但我那時正期待聽到會議內容，所以我沒有真的去注意。

從外表看不出來，不過這棟大樓的前身是一家銀行。這裡沒有古靈閣風格的點鈔桌、厚重的賬本或枯燥乏味的職員，非常時髦現代化。不過，有一扇又大又舊的圓形金庫門，通往專門舉行重要會議的會議室。我的助理帶我走向這扇門時，我覺得有點激動。我們在金庫裡開會！好了！這肯定是好消息！

我們跨過門檻進入會議室，我全身的血液彷彿瞬間凍結。

這個房間並不是很大，只能容納我、一張會議桌以及其他七個圍著桌子坐一圈默默等我的人。潔德也在，旁邊是我的兩位經紀人、我的律師、我的兩位助理，還有一個大個子光頭的可怕陌生人。沒有人說話，他們只是盯著我看。

我馬上發現我是被假藉口騙來的，我知道這和什麼決定演員生涯的大案子沒有關係。他們到底想對我做什麼，我不知道。但他們的眼神以及房間中的能量告訴我，這不是好事。我聽說過「戒癮干預活動」，就是某個人的家人朋友聚集在一起，告訴那個人他的問題很嚴重，可能會危及生命。但我並沒有嚴重的問題，有嗎？這不可能是戒癮干預活動吧。

是嗎？

我像一條濕漉漉的毛巾一樣癱倒在地，房間似乎在旋轉。我發現自己搖著頭，喃喃自語：「我沒辦法。我沒辦法……」沒有人說話，他們只是繼續以那種冷酷又嚴肅的眼神盯著我看。我踉踉蹌蹌地走出會議室，脈搏怦怦直跳。他們讓我離開了。在那個大個子光頭陌生人的護送下，我走到外面，試圖抽一根菸讓自己冷靜下來，然而冷靜並不是我在那一刻能夠達成的情緒。一股毀滅性、無情的背叛與侵犯感在我心中燃燒。我職場生活中的每個人，以及——更糟糕的是——我最親近的人，都密謀把我騙來這裡。我完全沒有預料到會這樣。我很生氣，我很累，說實話，我宿醉很嚴重。我考慮過乾脆逃跑算了，但不知為何，我沒有逃跑。我回到大樓裡，穿過金庫的門。大家都還在那裡，仍然用一種讓我心寒又火大的方式盯著我。我坐下來，不願意——也無法——面對任何人的目光。接著，現場唯一我不認識的那個大個子光頭開始掌控局面。

他是戒癮處遇專家，想要確保戒癮處遇的成果，就找這個人。我的管理公司已經付錢請他來主持戒癮干預活動。這項服務可不便宜，而且他這份工作做得很出色，沒什麼大風大浪是他沒見過的，我的任何反應都在他的預料之內。他解釋說，他知道我現在會感到憤怒，但是有一天，我會原諒房裡眾人的所作所為。我用眼神叫他滾蛋，怎麼可能原諒。我已經筋疲力盡了，頭昏眼花，宿醉未醒。前一天晚上，我還在巴尼餐館和我的泛泛之交坦率交談。現在我被這些所謂的朋友包圍，他們對我說謊，用一份新工作把我騙到這裡。一群偽君子。我不懂，如果他們這麼擔心，為什麼不能直接到我家來，用普通的方式和我談談？原諒？原諒？去他的。我離原諒還遠著呢。

房間裡的每個人都寫了一封信給我，他們輪流唸出來。這些信大多相當簡短，大部分的內容似乎都被我從記憶中刪除了。我聽著潔德和其他人告訴我，他們對我的行為、我的酗酒和物質濫用（substance abuse）[55]有多麼擔心。我當時根本聽不進去。在我看來，我的惡習不過是每天喝幾杯啤酒，偶爾喝威士忌，也許再抽幾根大麻菸。我又沒有醒來發現手裡拿著伏特加空瓶，身邊一攤自己的嘔吐物。我又沒有躲在毒窟裡吸鴉片，也沒有無法工作，也沒有失去控制。輪到潔德說話的時候，我記得我心想：妳是不是認為我不是完美的男友，然後才發起這個戒癮干預活動的？當然，她並沒有。事實上，她直到幾個小時前才得知有這場戒癮干預活動，然而我的怒氣與挫折感讓我腦海中出現了不應該出現的想法。

有一封信給我的打擊最深，它是由房間裡我最不熟悉的人寫的。我很少當面見到我的律師，他平靜坦誠地開口。「湯姆，」他說，「我與你並不熟，但你看起來是個好人。我只是想說，這是我執業以來參加的第十七場戒癮干預活動。其中十一個人已經死了，不要成為第十二個人。」

他的話語穿破了我的憤怒與否認。我還是覺得這件事是無中生有、小題大作，但他赤裸裸的請求讓我低頭了。

我們現在已經進行兩個小時了，大家想說的都說了。大家都很疲憊，但沒有人比我更累。

「你們想要我做什麼？」我懇求道。

55 譯注：此處從美國精神醫學學會出版的權威著作《DSM-5 精神疾病診斷與統計》中文版翻譯，包含藥品與化學物質成癮。常與藥物濫用（drug abuse）混用，但許多成癮物質不一定是藥品，如尼古丁；也會受不同國家認定標準影響。按書中描述狀況，湯姆主要是酗酒與抽大麻，因此不完全是藥物濫用。

「我們希望你去治療，」戒癮處遇專家說。

「勒戒中心？[56]」

「勒戒中心。」

加州的勒戒中心是這樣的：非常昂貴。有的勒戒中心一個月的費用高達四萬美元。花四萬美元住進勒戒中心，而且還是違背我的意願？你他媽的一定是在開玩笑。這個概念本身就很荒唐，但戒癮干預活動嚇到我了，要我聽話照做的壓力非常大。「好啦，」我賭氣地向他們說。「如果這件事對你們這麼重要，我就去住你們的小小勒戒中心。如果你們真的認為這是個問題，我會戒酒三十天。」

一片寂靜。

戒癮處遇專家說：「我們在馬里布（Malibu）幫你預約了一間，請你現在就去。」

「好啦，」我說。「我回家整理東西，明天或後天就可以去。」

他搖搖頭。「不，車子已經在等了，請你現在就去。車子會直接開過去，不會繞路。」

我眨眨眼。他們瘋了嗎？這太荒謬了。我有嚴重到連二十四小時都不能等嗎？他們都聽到什麼故事？我們怎麼會搞成這樣？我到底有沒有發言權？

他們很清楚地告訴我，不，我沒有選擇。「如果你現在不尋求幫助，」我其中一位助理說，「我們就無法再合作了。」沒有商量的餘地。

「我需要我的吉他，」我說。

他們說不行。

「我需要換洗衣物。」

他們說不行。

我的抗爭又持續了一個小時，每個人都不為所動。我必須和戒癮處遇專家一起上車，而且必須現在就走。

最後，我屈服了，我已經完全沒有鬥志了。

這是我人生中最荒誕的時刻之一，我放棄了所有的掌控權，和戒癮處遇專家一起離開那棟閃閃發亮的玻璃辦公大樓，走向他的車。到馬里布的車程花了大約一小時。我們默默坐著，度過漫長而嚴肅的一小時。快到馬里布的時候，他轉身對我說：「在我們幫你辦理入住之前，你想要停下來喝最後一杯啤酒嗎？」

56 譯注：原文為 Rehab，美國的勒戒中心提供的服務其實非常多元，除了毒癮、酒癮等戒癮治療，有的也會提供焦慮症、憂鬱症等心理疾病的協助治療。好萊塢也有過種族歧視、說髒話辱罵而進去勒戒中心的例子。

我想他只是想讓我好過一些，但當時我無法理解。大家剛才都告訴我，我有物質濫用的問題。我當時並不同意他們的說法，所以我為什麼要停下來喝一杯，證明他們說對了呢？「不要，我不想要停下來喝他媽的啤酒，」我告訴他。

他點點頭。「那好吧，」他說。我們又陷入了沉默，幾英里的路程過去了，我不停地抽菸——這是他們唯一沒有意見的惡習。不久之後，勒戒中心的大門映入眼簾。

沿著一條之字形的道路往下走一．五英里（二．四公里），勒戒中心坐落於一個巨大的峽谷谷底，被馬里布茂密的森林所環繞。我們沿著那條路行駛時，一種麻木的感覺籠罩著我。這個地方很美，真的令人歎為觀止。但我寧願去任何地方，也不想去那裡。

戒癮處遇專家讓我在峽谷底部的一座白色大房子外面下車。房子看起來很漂亮，花了四萬美元，也應該如此。好幾個小時以來，我幾乎沒有說話。跨過勒戒中心的門檻時，我覺得自己彷彿置身於可怕的夢境之中。我辦理了入住手續。他們已經在等我了，大個子光頭把我交給他們照顧。

一名護士請我坐下來，問了一些問題。您在使用什麼物質？用多少？多頻繁？我誠實地回答了，但我仍然認為我不該在這裡。我不是那種每天早上需要馬上來一針才能熬過一天的人。我也沒有偷偷吸毒。這一切都是個大錯誤。護士將我的回答記錄下來，然後她說：「您想要用化名嗎？」

我沒聽懂。「什麼意思？」我問。

「入住期間，您必須佩戴名牌。您想要的話，我們可以想個化名，像是鮑勃（Bob）或山姆（Sam）。」

我懂了。她認出我了，我想她是想體貼我的處境，但是我當時沒有心情。「如果有人認出我是《哈利波特》電影的演員，」我說，「那也會是因為我的臉，而不是名牌上的名字。妳可以在名牌上面寫『該死的米老鼠（Mickey Fucking Mouse）』，人家也不會覺得我是該死的米老鼠。」

這位護士自然變得有點防禦。「我們只是想要保護您的隱私，」她說。

不知為何，這個提議讓我不理性地生氣了。我深吸一口氣，控制自己的情緒。「我不想要什麼該死的化名，」我說。這個話題就此悄然結束。

接下來，我得忍受長達兩個小時的入院檢查。他們取了血液和尿液樣本，量了我的血壓，讓我對著酒精測試儀吹氣，用手電筒照我的眼睛，還戳了我幾下。接著，他們把我送去排毒（detox）。

排毒是進入治療之前的過程，確保你的體內沒有任何物質殘留。我的血液中仍有前一天晚上的酒精，所以他們把我帶到一個白色的樸素小房間，平淡乏味的家具滿是灰塵，這裡絕對不是比佛利威爾希爾飯店。房間裡有兩張床，我和另外一名男子一起住。他已經在房間住了三天，仍然沒有完全清醒。我很害怕。我不知道這個人是誰，他躺在床上發抖，正在出現長期使用冰毒後的戒斷反應，語無倫次地嘟囔著。我覺得很噁心，也很驚愕。我不過是有一天晚上喝了太多威士忌，結果突然就要和一個冰毒癮君子當室友。我們聊了一會兒，他說的大部分我都聽不懂，但一眼就能看出，他比我痛苦得多。這沒有改變我的想法，我還是認為我不該在這裡。

他們給我某種鎮靜藥物，所以那晚我睡得很沉。我醒來之後，他們再次對著酒精測試儀吹氣，結果是陰性。我排毒了整整十二個小時後，他們就讓我出來了。他們帶我參觀設施：廚房、休息室、庭院。這裡有一張乒乓球桌，這讓我想到《哈利波特》片廠的帳篷休息區，艾瑪曾在那裡親切地打了我一巴掌，從那裡到現在我已經走了好漫長的路。想到這裡，我內心非常難受。我想著我是怎麼落到這步田地的時候，經常想到艾瑪。

當然，他們也把我介紹給一些患者，大家都戴著名牌，好像我們在快速約會一樣。我很快就發現，在這樣的地方，標準的開場白是：「你的DOC是什麼？」你的首選藥物（drug of choice），你上癮的東西。有人問我這個問題，我回答說是大麻和酒精。被問過之後，我覺得有義務回問同樣的問題。在我看來，絕大多數的人是因為比我更嚴重的癮頭而住進來：海洛因、類鴉片、苯二氮平類[57]、冰毒、快克古柯鹼。大多數人也會喝酒，但對他們的DOC來說是次要的。

我不希望讓各位覺得這裡像《飛越杜鵑窩》（*One Flew Over the Cuckoo's Nest*），沒有人會在房間裡亂扔糞便，也沒有人尖叫、暴怒。然而，這些人上癮的副作用極端而且令人害怕。他們大多數人會無法控制地顫抖，無法直視你的眼睛超過一秒鐘。他們說話會結巴。這至少可以說是令人不安。

對我來說，不僅是患者讓我感到陌生，對於一個來自薩里郡的英國小孩而言，住在美國勒戒中心這件事本身是完全陌生的。要付出天價，把自己與其他人隔離開來，這個概念非常令人不安，而且坦白說，非常奇怪。我是那裡最年輕的人，但那些患者並不是特別年長。我想他們大多數人都有富裕的家庭，可以出錢讓他們來勒戒，我覺得他們的

57 譯注：Benzodiazepines，BZD，安眠鎮靜類藥物。

成長經歷與我相差甚遠。這些人不是我的同溫層。這裡不是我的歸宿。我內心深處噁心的感覺越來越強烈。

過去二十四小時已經耗盡了我的情感。這一點，再加上他們為了讓我穩定而給我服用的藥物，使我進入了一種嚴肅、封閉、幾乎冷漠的精神狀態。我不知不覺地度過了一天，偶爾與其他患者交流幾句，但大部分時間都是自己一個人。如果有人認出我，他們也沒有表現出來。我想，他們自己的問題已經占據了全部的注意力。他們正在水深火熱之中，為什麼會對某部巫師電影中的掃帚星感興趣呢？

傍晚到來，我吃了晚餐。我看著太陽在高高的峽谷山脊後落下。我走到庭院，打算呼吸新鮮空氣。我身上只有那包越來越少的香菸，我得向別人借火。他們之前告訴我，如果我想抽菸，應該要坐在指定的長椅上，但我無視這條規則，坐在草地上。沒有人責備我或要我換位置，所以我就坐在那裡抽菸，思考著我的處境和過去兩天發生的事情。顯然，我已經到了人生的轉捩點。我可能不同意其他人把我送來這裡的決定，我確定這裡不是我該待的地方。但我人在這裡，我必須做出決定。我要繼續參加這個勒戒中心嗎？

還是我要走另一條路？

當我坐在那裡吸完最後一口菸，我並不知道接下來的幾個小時將會決定我的餘生。我不知道我會走到可怕的低谷，而且必須依靠陌生人的善心才能度過難關。我只知道我很生氣，不想再待在這裡了。

於是我站起來，開始往前走。

我在離開勒戒中心的之字形道路上大步前進時，我並沒有想過我的叛逆時刻會帶來什麼。走了兩百公尺之後，我記得我心想，隨時都會有保全人員向我奔來，用橄欖球的擒抱動作把我撲倒在地，我會被拖回我的房間，然後就這樣了。

但是沒有人奔來，也沒有橄欖球的擒抱動作。

兩分鐘變成五分鐘，五分鐘變成十分鐘，勒戒中心消失在我身後。我繼續沿著陡峭的之字形道路往上走，但那時我也還是相信我會被抓。前面有保全大門和攝影機，會有人值班監視，現在他們隨時會來抓我。我想，我幾乎是希望被抓的，這樣我就有更多原因可以生氣了。

然而，沒有人出現。我走，繼續走。我往上走了一英里（一．六公里），兩英里（三．二公里）。我到了山頂，有一個柵欄，我設法爬了過去。腳下的地形有點險惡。我穿著普通的衣服，身上除了幾根菸之外什麼都沒有，沒有電話，沒有錢包，沒有錢，沒有打火機。我還是繼續走，沒過多久，我看到前面有行駛車輛的燈光：那是太平洋海岸公路（Pacific Coast Highway）。我知道太平洋海岸公路的另一側就是大海，而我一向很親近大海。大海呼喚著我，我開始朝那個方向前進。

我腦中的想像是，他們現在應該已經在外頭到處找我了。我進入一種只能以《俠盜獵車手》（*Grand Theft Auto*）來形容的模式，每當我看到有車駛來，我就會躲進或跳進灌木叢或是溝渠，把臉和手臂刮得稀巴爛。我跳過柵欄，在黑暗中奔跑，最後到達一個空無一人的原始海灘。月光照得很亮，現在我已經滿身泥濘、血汙和汗水。一股衝動讓我走進水中。突然間，挫敗感從我身上爆發出來。我現在發現，那時是我多年來第一次徹底清醒，我的思路太過清晰，內心太過憤怒。我開始對上帝、對天空、對所有人也對沒有人大吼大叫，對我發生的事與我的處境充滿了憤怒。我用整個肺的力量，對著天空和海洋大吼大叫。我大吼大叫，直到我的情緒全部宣洩出來，然後再也喊不出來了。

我突然淚流滿面。我渾身是泥，全身濕答答，披頭散髮，支離破碎。我的衣服又破又髒。我看起來一定十足像個瘋子，我當然也感覺像個瘋子。我的呼喊聲在海上迴盪成一片虛無，一種平靜的感覺終於席卷了我，感覺就像上帝聽到了我的聲音。我很快就專注於新的任務，我必須回到那個唯一正常的地方，我必須回到巴尼餐館。這個任務可不輕鬆，我離西好萊塢很遠很遠。我沒有手機也沒有錢，唯一的出路就是步行。

我繼續沿著海邊偷偷摸摸走著，一路低著頭。我經過一區又一區價值不菲的馬里布豪宅，在夜色中閃耀誘人的光芒，但我走在下面的水邊，沒有人看得到我。海岸很陡峭，海浪很嘈雜。這裡沒有路。大多數時候，我是涉水而行，我的鞋子和褲子都濕透了，只能勉強讓我剩下的三根菸不要濕掉。有時候沙灘會消失，我只得吃力地爬上岩石，前往下一段沙灘。我身心俱疲，我已經脫水了。我不知道我在哪裡，也不知道我要去哪裡。西好萊塢和巴尼餐館感覺就像事實一樣：遙不可及。

我到了一段安靜偏僻的海岸線，稍微往內陸一點，有一個加油站，我朝它走去。我從海邊走出來，走向附近唯一的建築物，我看起來一定無比虛弱，和任何時候的我相比，現在的我大不如前。我只想要一個打火機，也許我可以在這裡找到有打火機的人。

那晚有三個人救了我，我把他們看作是我的三智者[58]。他們的善心不僅幫我回到我需要去的地方，也促使我面對我的人生，認清生命中重要的是什麼。當我蹣跚地走向那個不起眼的加油站時，沒想到我即將遇到第一位智者。

加油站除了一個在櫃檯上夜班的印度老人，沒有其他人。我向他借火的時候，他輕聲道歉。「我很抱歉，先生，」他說。「我不抽菸。」

我麻木地盯著他，然後我喃喃地說了幾句感謝的話，跌跌撞撞地走出了加油站。我準備繼續沿著路走，但我看到那個人跟著我走了出來。「你還好嗎？」他問。

我幾乎不知道該說什麼，我要怎麼告訴他我有多麼不好？於是，我只是沙啞地問道：「你有水嗎？」

他往後指著加油站。「你去冷藏櫃，」他說。「拿一罐。拿一罐大的。」

我再次感謝他，然後跟跟蹌蹌地走回加油站，拿了一罐兩公升的水。當我再次轉身時，那個人已經回到了他的櫃檯後面。「你要去哪裡？」他說。

我告訴他。「西好萊塢。」

「很遠呢。」[59]

「是的。」

「你沒有錢嗎？」

我搖搖頭。

那人微笑，拿出錢包，打開並掏出我看到他最後一張二十美元的鈔票。「拿著吧，」他說。

我又盯著他，看著他和那張二十元鈔票。

「我不是富翁，」他輕聲說道。「我沒有多少錢，沒有大房子，沒有豪華的車子。但是我有我的妻子，有我的孩子，有我的孫子，這代表我是一個富有的人。我是個非常富有的人。他用銳利的眼神盯著我，稍微歪了一下頭。「你是個富有的人嗎？」他問。

我反射性地慘然一笑。「富有？」我說。「我可是個百萬富翁！而我在這裡向你要水喝，還拿走你最後的二十元。」我心想著，但沒有大聲說出來的是：我一點都不富有，不像你。

他又微笑了。「那些錢應該能在你回西好萊塢的路上幫你一些，」他說。

「我保證，」我說，「我會回來找你還錢。」

58 譯注：原文為 three kings，典故出自《新約聖經．馬太福音》，來自東方的「博士」，在耶穌基督出生時循著星星的指引前去朝拜。或稱三王、三博士、三賢士。

59 譯注：馬里布與西好萊塢若以步行相距大約七十四公里，即便開車也需近一小時車程。

他搖搖頭。「不必了，」他說。「下次你看到需要幫助的人，就把這份善心傳下去。」離開加油站時，我不斷感謝他。他的善心是一劑良藥，提神醒腦。我開始覺得我可能會成功完成我的任務。我在一片漆黑中繼續沿著太平洋海岸公路步行。每次有車經過，我就會躲開，躲進灌木叢。穿著濕答答的鞋子又走了幾英里後，一輛老式的福特野馬（Ford Mustang）飛馳而過。我蹲下身子，躲了起來。車子駛離一百公尺的時候，我看到菸蒂的橙色光芒從車窗飛出，掉在路上。我衝向那個菸蒂，渴望用那微小的火花點燃我自己微濕的香菸。我及時趕到，蹲在路邊接連抽了三根菸，每根菸都是用上一根菸點燃的。我朝天空點了點頭，感謝神的干預，然後我繼續前進。

又走了幾英里，我在下一個加油站遇到了我的第二位智者。我筋疲力盡，身上還是濕濕的，滿是汗水，身上還有血跡，渾身是土。我踉踉蹌蹌地走進加油站，問店員有沒有認識誰可以幫助我。店員說沒有，雙手抱胸，請我離開。當時已接近午夜，只有一輛車停在那裡——這是我好長時間以來看到的第一輛車。我蹣跚地走到車前，輕輕地敲了敲車窗。司機是一個身形比我大一倍的年輕黑人，他搖下車窗。我開始說：「夥計，我知道這聽起來很奇怪，但是……」

他搖搖頭。「我只接優步（Uber），」他說。「你想要我載你，就用手機叫車。」

但我沒有手機。除了一身濕漉漉的破爛衣服和印度人給我的二十元鈔票，我什麼都沒有。我編了一個瘋狂的故事：我和我的女朋友大吵了一架，她把我丟在這荒郊野外。我只有二十塊錢，拜託他能不能盡量載我去西好萊塢，這筆錢能載我多遠就多遠。我看起來一定很可憐，照理說他應該會看我一眼，搖搖頭，然後搖上車窗，但他沒有這麼做。他打量了我一下，然後示意讓我坐到後座。坐座位的感覺從來沒有這麼舒服。「你要我載你去哪？」他問道。

我說我要去巴尼餐館，並再三聲明我只有二十塊錢，他可以在這個金額用完之後就讓我下車。但他揮揮手拒絕了我。也許他看我的身體狀況不可能走回西好萊塢。也許，就像上一個加油站的印度人一樣，他只是好心。「我送你去，」他說。我試圖理解他為何如此慷慨。他沒有想要我在小說上簽名嗎？他沒有想要拍張照片給他的小孩看嗎？沒有。他只是想幫助有需要的人。他載了我一整段路，這一趟計程車資或許要六十美元，或許不止。我求他寫下他的名字和電話號碼，以便我可以報答他，但他再次揮手拒絕。「別擔心，老兄。沒關係的。」

他把我送到巴尼餐館外面時，已經是淩晨一點半了。我最後一次嘗試向他要電話號碼，讓我可以付給他正確的車資，但他不肯接受。他開車走了，離開我的視線，我再也沒見過他。

我轉向巴尼餐館，這時已經是清場時間，大部分客人都已經離開了。我不敢相信我成功了，真沒想到多虧了陌生人的善心。我又累又髒，搖搖晃晃地走到正門。這時我遇到了酒吧的門房尼克（Nick）。他和我很熟，畢竟這裡是我經常光顧的地方。他上下打量我，顯然意識到我的情況不盡如人意。但他沒有發表評論，他只是讓開了一步，說：「老兄，你今天真晚，但如果你想進去快速喝一杯……」

我進去了。仍有幾個常客在裡面，我的目光一下子就被他們的酒水吸引了，但我突然意識到，我已經幾乎四十八小時沒有碰過酒，甚至沒有想過酒。我茫然地盯著前方，想知道自己為什麼會在這裡。酒保自動在吧台上放一杯啤酒。出自本能，我伸手去拿，然後發現我對那東西毫無興趣。我離開了啤酒，回到酒吧門口，尼克正在趕最後一批人出去。當我茫然地盯著虛無，他問我：「老兄，你還好嗎？」

「可以借我二十塊錢嗎？」我說。「讓我回家？」

尼克給了我一個長長的、堅定的凝視。「你的鑰匙在哪？」他說。

「我沒有鑰匙，夥計，」我說。「我什麼都沒有。」我說這句話的時候，我想起了加油站那個印度人的聲音。你是個富有的人嗎？

「你跟我回家，」尼克說。「我們走吧。」我沒有質疑他。

那天晚上，尼克成了我的第三位智者，他把我帶回他家。他家是一個小公寓，但很溫暖、舒適又溫馨。他讓我坐下，幫我泡了無數杯茶，然後接下來的三個小時，他聽我說話。話語從我的口中湧出。我從未真正說出口的焦慮從我體內湧現。我的情況背後的真相開始浮現。我面對了一個我長久以來一直不敢承認的事實：我已經不愛潔德了。毫無疑問，她一直是讓我的事業保持在正軌上的重要推手。但我變得太依賴她了，依賴她維持我的幸福，甚至依賴她幫我思考。這使我盲目，忽略了令人不安的事實，也就是我對她的感情已經變了。我們對生活有不同的追求。我沒有對她誠實，但更重要的是，我也沒有對自己誠實。如果我想拯救自己，如果我想要對得起潔德，我必須告訴她實話。

這時，太陽已經升起。我後來得知，警方在外面找了我大半夜。潔德和我所有的朋友也在找我，他們以為我可能已經死在馬里布的森林某處，或者被關在某個監牢裡受折磨。黎明到來時，我向尼克借電話，我打電話給潔德，告訴她我在哪裡。

潔德聽到我的聲音，發現我沒事，大大鬆了一口氣。她來接我，我們回家了。我和她坐下來，解釋我的感受，情緒激動而且不加修飾。僅僅一場對話，我就改變了我們人生的軌跡。我所說的話不是任何人輕易說得出口的，也不是任何人輕易聽得到的。我告訴她，接下來的日子裡，我什麼都願意為她做，而且我是認真的。但是我已經迷失了，需要重新找回我的方向。她以一種我或許配不上的優雅接受了我的說詞。就這樣，我們的關係結束了。

我整晚都在尋找回家的路，但我意識到我還沒有真的到家。那場戒癮干預活動讓我很不安，我覺得憤怒又困惑。但我開始明白，戒癮干預的出發點是好的，我需要尋求幫助。我要為自己去做這件事。

27

花得有價值的時間

Time Well Spent

不同版本的自己

Versions of Myself

勒戒[60]。這個詞有一種刻板印象，我認為它不應該背負汙名。我花了幾周與自己重新建立關係，那是我生命中最好、最重要的時刻，儘管我當時肯定沒有意識到這一點。我的戒癮干預既痛苦又羞辱，我去的第一家機構也不適合我。但事後看來，我很高興我經歷了這一切，因為它帶來了某些領悟，從而讓我的生活變得更好。我不認為我的物質使用需要受到干預，但我很高興我被干預了，因為它暫時帶我離開那個害我不快樂的世界，讓我得到一些清醒。我逐漸了解，戒癮干預活動當天在會議室裡的每個人都是因為關心我才出席的。不是為了我的事業，不是為了我的價值，他們關心的是我。

與潔德進行了那場艱難的對話之後，我決定把自己送進加州鄉間的一家機構，那裡離任何地方都很遠。這個地方比上一個地方小，是一個家庭經營的中心，一次最多治療十五個患者。與其說是醫療機構，不如說是給掙扎的年輕人的避難所。這裡有兩棟房子：一間給男生，一間給女生。這些患者大多有處方藥的成癮問題，也有附帶酒癮。第一次戒癮干預活動之後，我被迫遇到的那些患者問題比較嚴重。並不是說這些人沒有問題：他們有，而且很明顯他們的問題比我更嚴重。然而，我立即和他們產生了聯繫，我在這裡比較不會那麼格格不入。

突然間，我的日子變得非常有條理，而我發現我過去少了這種條理。我的整個童年，在《哈利波特》拍攝現場，我被迫過著有條理的生活，而我卻不自知。有人告訴我何時要到場，要站在哪裡，要看哪裡，要說什麼。這種確定性能讓人平靜，當它長久以來都在你的生活之中，少了它可能會讓你迷失方向。現在，它回來了。我們在日出時醒來，進行晨間感恩，我們會圍坐一圈，其中一個人會讀一首詩、箴言或禱告，為我們設定今天的目標。設定的是很小、可行的目標，例如我可以承諾要少頂嘴（從前的厚臉皮還沒有完全離開我）。接著我們會吃早餐，然後一整天有許多一小時的課程，中間有五分鐘的休息可以吸一口新鮮空氣。有些是小組課程，有些是個人課程，會有認知行為療法、催眠療法、一對一諮商等。有時我們會笑、會哭，我們都會坦誠地互相談論我們的想法、我們的問題，以及是什麼原因讓我們來到這個地方。

治療的亮點是我們可以離開設施，在威尼斯海灘為無家可歸者供餐的餐車上當志工。我非常喜歡志工之間的同袍情誼。有些人在做治療，有些是當地人，有些是老人，有些是年輕人，但所有人都團結一致，想要幫助那些有需要的人。你是誰、你做過什麼都不重要，只要你在那裡幫忙就好。我好喜歡這個活動。（我甚至學會了做墨西哥卷

60 譯注：原文為 rehab，字義是重新回到健康或美好生活的康復過程，包含情緒障礙、成癮治療等等。湯姆在本章的意思是指，人們聽到這個詞之後，大多聚焦於「因為有問題，所以才要去勒戒所、才要進行勒戒」，卻忽略了它也包含著重新康復的美好含義。

餅，這是我以前和艾許看《瘋四與大頭蛋》的時候才聽說過的詞兒。）

治療中，大家都是素昧平生的人，而且各自有不同的脆弱之處。在這樣的環境中，你很快就會與其他人變得非常親密，你們會成為一個大家庭。不用幾天，你就會開始深深關心你的療程夥伴。這本身就是一種轉變的經驗。從前，有時我會對一切都缺乏熱情，無論如何你都無法把我從床上叫起來。而且我會因為自身的狀況太耗費精力，而無法對其他人表現同情心。在這裡，與陌生人一起彩繪我的吉他，或者用我的烏克麗麗教他們幾個和弦，已經成為我日常生活中最重要的事。我們都如此坦率，以至於我們更關心的是彼此，而不是我們自己的問題：這是終極的心理健康促進方法。突然間，你能清楚看見壓倒你的一切。

勒戒中心的規則對我來說是好事，規則幫助我重新走上正軌，但同時也成了我的敗筆。面對現實吧，遵守規則從來不是我的強項。

勒戒中心的個人空間很重要，不可以觸碰別人，展示情意是絕對禁止的。擁抱？算了吧。雖然我現在明白了原因，當時這規定對我來說很奇怪。然而，我剛結束一段長期的關係，而勒戒中心有很多漂亮的女生，尤其是其中一位。有幾次，我們假裝倒垃圾，結果被治療師抓到我和她在房子的側邊親熱。有一天晚上，我犯了大忌，偷偷溜進女生那棟房子，進入她的房間。說實話，我並沒有什麼特別邪惡的打算，她吃晚餐時很安靜，所以我想確認她沒事。不過，當我聽到敲門聲，我很害怕被抓包、被怒斥一頓。我臥倒在地，滾到床下躲起來。門開了，我屏住呼吸，看見一雙鞋朝我的方向走來並停在床邊。一陣尷尬的沉默過後，一位女士上下顛倒的臉孔出現在我面前。我露出我希望還算迷人的笑容，並小小地揮揮手，尖聲說道：「嗨！」

「現在是什麼狀況？」

「沒什麼！」

「你為什麼在她的床底下？」

「沒為什麼！」

我必須承認，這看起來並不妙。那位女士用失望的眼神看著我，很像我被逮捕那次我媽媽的眼神。

第二天，我獲准出來為一部動畫片錄製配音。我已經在這個機構接受了三個星期的治療。我完全清醒、頭腦敏銳，一切運轉正常，積極向上。戒癮處遇專家接我到錄音室，錄音完成後，我樂不可支。但在我上車之前，他告訴我，我不能繼續接受治療了。我必須回去拿行李，東西已經有人幫我打包好了，不能和任何人告別就要離開。我有如頑童的行為沒有給他們留下好印象。

我很難過，也很生氣。我淚流滿面，踢了一腳籬笆。我們回去機構之後，我求他們不要把我趕出去，我花了好幾個小時，列出了他們應該讓我留下來的所有理由。我哭倒在地。我試圖說服他們這是一個錯誤，我之後會改進，但他們毫不妥協。他們說，我已經違反了太多次規則。我影響了其他人的戒癮治療，我必須離開。

接下來的一周，我都處於迷惘之中。我在一個全新的世界裡，和一群我深深關心的人一起度過了一段時間。突然間，我不是那群人的一份子了，我很想念他們。這三周改變了我的生活。我發現，之前我一直處於一種完全麻木的狀態。這並不是說我已經準備好要跳橋了；而是跳下橋和中樂透似乎感覺是一樣的。我對任何事情都沒有興趣，無論好事壞事。就算你告訴我，我將成為下一代007，我也不會在乎。但現在，我的情緒回來了，而且它們正在全速運轉。有些情緒是好的，有些是壞的，但有情緒總比沒有好。

他們可以要我離開治療機構，可以禁止我與那裡的家人告別，但他們不能阻止我每周四在威尼斯海灘的餐車上做志工。

我真的不知道還能去哪裡、還能做什麼。威尼斯海灘的海濱大道可能是個令人生畏的地方，到處都是凶神惡煞、無家可歸和苦苦掙扎的人。當你向他們提供餐車的免費食物時，你會得到膽怯、猜疑的回應，但事後他們會非常感激，而我覺得能夠成為其中一員是非常有意義的。我自己的人生也沒有方向，所以當我在海濱大道上做志工時看到一位老朋友，他邀我去他家吃晚餐，我就心懷感激地接受了。

這位朋友是葛瑞格．塞普斯（Greg Cipes）：演員、配音員，也是現代的動保與環保人士。他和他的狗——軍師（Wingman）——住在海濱大道上的一個小公寓裡。他吃純素，不喝酒、不抽菸，他是我見過最乾淨、最包容的人。我心想，在這裡住上幾晚可能還不錯。幾個晚上變成了幾個月，我睡在他家地板的瑜伽墊上。晚上有時會聽見外面海濱大道令人不安的聲音，每天早上六點，軍師會舔我的臉來叫醒我。那段時光真的重新改寫了我是怎麼樣的一個人。

葛瑞格把在海裡游泳稱為「重新設定」，他告訴我，重新設定之後做出的每一個決定都會更好。起初我有些抗拒，但幾周後，我接受了他的理念。我們每天至少要重新設定兩次，早晚各一次。衝進海裡之前，我們會把手伸向天空，說一句簡短的祈禱，深深地吸三口氣，然後衝進大海，像我們內心深處的孩子一樣大聲歡呼。葛瑞格還教我，從水裡出來的時候，你應該舉起雙手，對著天空說謝謝，以表示你對生命中一切的感激之情。葛瑞格告訴我，愛因斯坦曾在他的夢中出現，說在海灘上倒著走會產生新的神經通路。因此，我們總是在海灘上倒著走，眼睛注視著大海，沿途撿起被亂扔的塑膠垃圾。「離開一個地方時，盡量讓環境變得比你來的時候更好。」他是這麼告訴我的。

葛瑞格還喜歡與海鷗交談，起初我認為這很荒唐。他會用非常友好、高亢的聲音告訴牠們：「你太漂亮了！你真棒！」我一開始沒有加入他的行列，說實話，我覺得他有點瘋狂。然後他告訴我他的理論，他認為海鷗是世界上最聰明的鳥。我問他為什麼，他說：「還有哪種鳥會花這麼多時間在海灘上呢？」我無法反駁，而現在只要我在洛杉磯，我就會把上述所有的活動當成日常作息。

有些人覺得葛瑞格有點瘋狂，他留著嬉皮的長髮，穿著古怪的自製衣服，到哪兒都會帶著軍師——他說軍師是他的上師——說話慢條斯理，極為平靜，有時還會說些撲朔迷離的句子。但沒有人比他更願意無條件地給予我善意、慷慨與理解。沒有人比他更能教我認識自己，並不斷向我展示尋找光明的新方法。

葛瑞格會堅持他沒有教我什麼，他只是一個見證者。

和葛瑞格在一起幾個月後，三十一歲的我決定在威尼斯海灘買下自己的小屋，重新開始我的生活。我買了新衣服——大多是二手店買的，而且大多是花朵圖案的。我救了一隻叫小柳（Willow）的拉布拉多犬。我又能夠享受做我自己了。我不是那個在山上有房子的名人湯姆，不是開著橘色藍寶堅尼的湯姆。我是另一個湯姆，那個有許多美好事物的湯姆。我每天都去海灘。我接我想做的演藝工作，而不是被其他人對我該做什麼的意見所壓迫。最重要的是，我重新掌握了自己做決定的能力。我不會為了出門而出門，也不會因為其他人告訴我該出門而出門。生活比以前更美好。

因此，幾年後的某一天，麻木感又回來的時候讓我很震驚，毫無預警，也沒有特別的觸發因素。沒有什麼原因或理由，我只是突然發現自己幾乎找不到下床的理由，如果不是有小柳需要照顧，我可能根本就不會從被窩裡出來。我忍受了這種感覺一段時間，告訴自己這一切都會過去的，然後接受了它根本不會過去的事實。我決定，我必須採取積極的措施，讓自己不要再有這樣的感覺——這種沒有感覺的感覺。

第一次，我對勒戒的概念感到排斥。但我已經不一樣了，我已經逐漸接受了自己對情緒變化的遺傳傾向，而不是拒絕承認。我放棄了所有的掌控權，在朋友的幫助下，我找到了可以尋求幫助的地方。我可以誠實地說，這是我做過最艱難的決定之一。但是，我能夠向自己承認我需要幫助——而且我打算採取行動——這件事本身就是一個重要的時刻。

有這樣感覺的並不是只有我。就像我們都會在生命的某階段經歷身體的不健康一樣，我們也都會經歷心理的不健康。這並不丟人，這並不代表你軟弱。我決定寫這幾頁的部分原因是希望藉由分享我的經驗，或許能夠幫助正在苦苦掙扎的人。我在勒戒機構中學到，幫助他人是對抗情緒障礙的有力工具。另一個有效的工具是談談你所有的想法和情緒，不僅僅是那些美好的。我發現這在美式文化中更容易做到，我們英國人比較拘謹，有時會把談論自己的感受視為一種放縱。事實上，這是必要的。所以，讓我開始吧。我不再羞於舉起手說：我過得不好。直到今天，我都不知道我早上醒來會見到哪個版本的自己。即使是最微不足道的家事或決策——刷牙、掛毛巾、應該喝茶還是喝咖啡——都有可能讓我不知所措。有時，我度過一天最好的方式是為自己設定很小、可行的目標，讓我從這一分鐘撐到下一分鐘。如果你有時也有這樣的感覺，你並不孤單，我希望你找人談談這個問題。沐浴在陽光下很容易，享受雨天就不那麼容易了。但是一個離不開另一個，天氣總是在變化，悲傷和快樂的感覺在心裡值得同等的出場時間。

我們回來聊聊勒戒的概念，以及這個詞背負的汙名。我絕不是想要輕視治療這個概念——接受治療是艱難的第一步——但我確實想盡一份力讓治療正常化。我認為我們都需要某種形式的治療，那麼為什麼公開談論我們的感受就不正常呢？「我很高興我們贏了足球賽。」「裁判沒有判罰球，我很生氣。」「我很期待看他們接下來會簽哪個球員。」如果我們對某些事情，例如足球，如此充滿熱情地說話並聽人說話，為什麼我們不對那些沒說出口的事情也這樣做呢？「今天早上我沒辦法起床，因為我無法承受這一切。」「我不知道人生的方向在哪。」「我知道我是被愛的，那麼為什麼我覺得如此孤獨？」與其將治療視為無節制或疾病的急性後果，我們應該開始看到它的潛能：我們可以將治療看作是一個重要的機會，可以抽出時間放鬆，從你腦中的聲音、世界的壓力和我們對自己的期望中解放。不一定要在勒戒中心待三十天。它可以分布於一整年，花三十個小時與人談論你的感受，或是一天花三十分鐘來設定正向的目標，抑或是花三十秒來呼吸並提醒自己，面對此時此刻的你。如果勒戒治療只是抽出時間來照顧自己，那又何嘗不是花得有價值的時間呢？

後記

讓我們回到現在，回到我現在居住的倫敦。我寫下這幾頁的時候，我在洛杉磯的冒險已經過去了，某種程度上，我感覺自己兜了一圈回到原地。我的生活現在更穩定了，更加平凡。每天早上，我在綠意盎然的北倫敦（North London）的房子裡醒來，充滿感恩的心。我戴上耳機，一邊聽著晨間新聞，一邊帶著小柳散步，她似乎一直在巡查松鼠。回到家裡，我會做一個火腿起司三明治（我的口味還是像個九歲的孩子），我會花一些時間讀劇本或是玩音樂。然後我會騎上我的腳踏車，來到倫敦西區（West End），進行我的第一齣舞台表演。

這齣戲叫做《2:22鬼故事》（*2:22 A Ghost Story*），每次演出前，當我準備走上舞台時，我不禁反思故事在我生命中的重要性，以及故事對許多人的價值。故事很容易被輕視。二十年前，我差點就這麼做了，當時我和一群懷抱希望的孩子一起排隊，大家都想要被選上，參與這個住在樓梯下儲物間的男孩的故事。對我來說，那似乎不是什麼好故事。坦白說，我那時認為聽起來有點可笑。當然，現在我的看法不同了。在我們生活的世界中，我們似乎越來越需要找方法來團結大家、建立橋樑、感覺一致。我發現，很少有東西能像《哈利波特》的魔法世界這樣成功地實現這些目標。我每一天都會收到來自世界各地的粉絲訊息，他們就是這樣告訴我的。

能夠參與這些故事使人謙卑，是一種非凡的榮譽。這讓我比以往更有野心，要利用藝術與故事的力量將接力棒傳給下一代。

有些人很驚訝我從來沒有重讀過《哈利波特》小說，甚至除了首映會，我也沒有完整地看過這些電影。時不時，我和朋友坐在電視前，會剛好看到其中一部電影，這時大家就有義務對「哈利波特手槍俠」和「掃帚星」嘲笑一番，但我從來沒有刻意坐下來從頭到尾看一遍。這不是因為我缺乏自豪感，恰恰相反，這是因為我正在預留給我未來最期待的時刻：有一天，我能和我自己的小麻瓜們分享這些故事——先看小說，再看電影。

幾年前，我逃出勒戒中心，晚上獨自沿著馬里布海岸迷惘跋涉，我的三位智者中的第一位問了我一個問題：「你是個富有的人嗎？」我幾乎不知道如何回答，我不確定我完全理解那個問題。他告訴我，他是個富有的人，不是因為他有財富，而是因為他有家人在身邊。他知道生命中重要的是什麼，他知道再多的金錢、名聲或讚譽也不會讓他滿足，他知道幫助別人，這份善心自然會傳遞下去。現在我也明白了。在生命中，我們唯一真正擁有的貨幣是我們對周圍的人的影響。

我知道我的人生非常幸運，我將永遠感謝給我這麼多機會的系列電影，並引以自豪。我更自豪的是那些讓魔法世界的火焰比以往燒得更旺的粉絲。我每天都努力提醒自己，我是多麼幸運能擁有這樣的生活，一個以愛、家庭和友誼為重的生活。這些事情的重要性也是《哈利波特》故事教我們的重要的一課，我是不會忘的。有了這樣的體悟，使我真正成為一個非常富有的人。

NEW

迷失的一章

THE LOST CHAPTER

你知道我覺得我是誰嗎？

DO YOU HAVE ANY IDEA
WHO I THINK I AM?

若我能真誠坦率，
若我說出我心聲，
我看見希望前景，
嶄新世界等著我。
——湯姆・費爾頓〈迷失更多〉（Loster）[61]

我想帶各位參加好萊塢山（Hollywood Hills）一場華麗的耶誕派對。

緊張嗎？覺得自己格格不入嗎？

別擔心，我也一樣。

時間是二〇一三年。我那時剛開始拍攝《一級謀殺》，當初就是這部電視劇讓我搬去洛杉磯的。這場派對的主人是史蒂芬・布奇柯——很遺憾，他已經離我們而去了——許多好萊塢經典犯罪影集都是出自他手，如《山街藍調》（*Hill Street Blues*）、《洛城法網》（*L.A. Law*）等。我那時才到洛杉磯不久，認識的人不多，史蒂芬打從一開始就對我很好：他是個友善的人，以家為重，並對這一行充滿熱情。這樣的好萊塢大咖，他的耶誕派對當然聚集了業界的重量級人物，不過從走進派對的那一刻起，你就知道這同時也是一場溫馨自在的活動。

於是，我走進史蒂芬的房子時，的確感覺有點格格不入，但備感賓至如歸。然而氣泡酒和巧克力鍋也真是奇妙，能夠增加你的自信。我吃了一會，喝了一會，在角落站了一會，然後我加入了別人的對話。大家人都很好。我開始心想，也許沒問題。也許我終究能站穩好萊塢。也許我現在還不用打包回英格蘭。

隨著年齡增長，你的眼角餘光會變得敏銳。也許是在你偵察校園惡霸的時候變敏銳的，也許是在你學開車的時候變敏銳的。你發現自己被人注意到的時候，眼角餘光一定會以一種獨特的方式發揮作用。我站在那兒，注意到一位西裝筆挺的小禿頭，從房間另一側像鯊魚盯上目標一樣走過來。他直接朝著我來，錯不了的。

不一會，他就來了，站在我面前微笑，散發著熱情、友善的光芒。他用一種熟悉的眼神看著我，非常熟悉的眼神。那個眼神說：我知道你是誰。我對他微笑。他笑得更燦爛。我覺得心裡暖暖的，感覺比較自在了。他與我握了手。「見到你真開心，」他說。「見到你真開心。我超愛你的作品。在洛杉磯一切都好嗎？」

61 譯注：If I'm true and if I'm honest, If I speak my heart complete, I see hope and I see promise, A new world that's there for me. 此為湯姆的自創曲歌詞，歌名 Loster 並沒有這個單字，是湯姆自創用以表示 lost（迷失）的比較級。

「喔，你懂的，」我說，滿是英式拘謹，「還在適應。我很喜歡。」

「那就好，那就太好了。」他掏出一張名片，遞給我。「你如果需要什麼，」他說，「我說真的，如果需要任何幫忙，你就打電話給我。」我看了那張名片，上面寫著他的名字，下面一行是「律師」。可能會派上用場，我心想。

「聽著，」他說，「老兄，我得跟你說實話。我就直接說啦。我們是頭號粉絲。我們全家都很迷。」

「謝謝，」我怯生生地說。

「不不不，你不懂。我們家無時無刻都在播放。每天都有你，我們都會看到你的臉。」

「我真是受寵若驚。」

「我有兩個小孩，他們總是意見不一致。但是他們都、超、愛、你。」

「聽你這麼說，真是高興。他們是和故事一起長大的囉？」

「他們當然是和故事一起長大的。每天晚上都在播。」他抓了我的手臂。「等我一下，」他說。「別跑。我得去找老婆和女兒來，他們會想要和你合照。」

他匆匆忙忙去找他的家人。我站在那兒，開始覺得喜孜孜，有點自鳴得意。洛杉磯的一位大人物很喜歡我的作品，而現在還要帶他的家人來找我自拍。這個夜晚就要變得更美好了。突然間，一切都沒那麼可怕了。

他的太太和女兒過來了。「我的老天，」他的太太說。「你把角色演活的方式真是太厲害了。」

「嗯，謝謝，」我說，散發謙遜的氣質。「我盡我所能。」

太太對我燦笑。至於她的女兒？就沒那麼捧場了。她的微笑伴隨著充滿懷疑的單邊挑眉。我把那個表情當作是青少女想要裝酷。

「那麼，告訴我，」我說，為了繼續閒聊，「妳最喜歡哪一部？」

太太皺起眉頭，彷彿我要她選出她偏愛的孩子。經過片刻的深思熟慮，她說：「我會選……第三季。」

第三季？大家通常會說《阿茲卡班的逃犯》。但沒關係啦，可能只是文化用語差異。你們這些瘋狂美國人！

這家人擠在我身邊。律師把他的手機遞給某人，請他幫忙拍照。「快啊！」他說，手肘頂了頂我的肋骨。

我說，「什麼？」

他女兒說，「說那句台詞！」

那句台詞？他指的是哪一句台詞？他是想要我叫他們骯髒的小麻種[62]嗎？還是我要告訴我父親[63]？

照相的手機舉起來了，我準備說出我最好的一句「波特（Pottah）[64]！」但律師搶先一步。他用他自己的方式說出「那句台詞」。

他大喊，「讚啦，臭婊子！」

我整個愣住，我嚇傻了。我突然意識到，我不是他們以為的那個人。他們不覺得他們遇到的是踐哥．馬份。他們以為他們是和《絕命毒師》（*Breaking Bad*）的傑斯．平克曼（Jesse Pinkman）共度美好時光。他們以為我是演員亞倫．保羅（Aaron Paul）。

「說吧！說那句台詞！」

我慌了。我對著鏡頭微笑，雙手豎起大拇指，在表情中加入一點瘋狂，然後大喊：「讚啦，臭婊子！（YEEAAHHH, BITCH!）[65]」

喀嚓！

那家人欣喜若狂。顯然我讓他們度過了美好的一晚，就連女兒看起來也很開心。他們和超棒的亞倫．保羅合照，我實在不忍心告訴他們，他們認錯人了。已經太遲了。

不知怎的，我又成功進行了幾分鐘的愉快對話。這家人向我道別。我和他們每個人擁抱，就像老朋友一樣。時至今日，我還是不知道他們後來有沒有發現，他們是與跩哥飲酒高歌，而不是與平克曼派對狂歡。

讓我們將時間倒轉。

二〇一二年，在我頭幾次的洛杉磯之旅中，我住在一家旅館，心想這就是成功的演員會做的事情。洛杉磯感覺很棒，而我不騙各位，我起初多少有點期待每次穿過旅館大廳，都會有人認出我。你猜怎麼著？大家眼睛都不眨一下。我覺得完全匿名。一開始，這種匿名感很酷，後來我才發現沒人知道我是誰。

直到有一天晚上，我在日落大道（Sunset Boulevard）超大間的麥當勞排隊，想要

62 譯注：原文為 filthy little mudbloods，出自《哈利波特：消失的密室》小說（非逐字引用）。
63 譯注：原文為 my father would hear about this，出自《哈利波特：火盃的考驗》電影，此處從電影翻譯。
64 譯注：以 Pottah 強調跩哥叫哈利波特 Potter 時，有點爆音的輕蔑語氣。湯姆本人也深知粉絲喜愛那種語氣，曾在社群媒體上發起 #pottahchallenge。
65 譯注：《絕命毒師》影集角色傑斯．平克曼的口頭禪。

買大份的雞塊全餐搭配一個漢堡。當時我站在隊伍中，像個老實的英國人耐心等待，戴著耳機，然後我的右肩被猛然拍了一下。我摘下耳機，看到一名興奮但猶豫的女子。

「有什麼事嗎？」

「抱歉……不好意思問你……請問你是不是……？」

我開始點頭，我開始微笑。我知道接下來會發生什麼事。

她環顧四周，壓低了音量。「你該不會是雷恩．葛斯林（Ryan Gosling）吧？」

我忍不住大笑。她是在整我嗎？顯然不是。我都想要她給我個書面認證了，因為即使是我，也被《手札情緣》（*The Notebook*）的雷恩．葛斯林給迷倒了。

（在那之後，我就再也沒有被誤認為雷恩．葛斯林了，不過有夢最美。）

讓我們回到巴尼餐館。我正啜飲著冰冰涼涼的一杯啤酒。各位還記得巴尼餐館吧？那是我逃離一切的地方。我倚著吧台，和當地人閒聊，這時有兩名男子向我靠近。他們臉上帶著那種表情。其中一個人最後說道：「來吧，告訴我們，你最喜歡哪一集？」

「我都喜歡，」我說。「都是很棒的故事。」

「我們最愛的是你爸……」

「嗯，傑森，他很棒……」

「……要把你家沙發扔到垃圾場的那一集。」

我眨眨眼，茫然地看著他們。我稱不上是會走路的《哈利波特》豆知識百科全書，但我非常確定魯休思從沒那樣做過。他會叫多比（Dobby）[66]去做。「我覺得我應該不是你們心想的那個人，」我說。

「你是《左右做人難》（*Malcolm in the Middle*）[67]的那個傢伙，對吧？」

「啊，不是。我不是那個傢伙。」

他們倆相視，再回頭看看我。他們咧嘴一笑。「老兄，你絕對要跟人說你是《左右做人難》的那個傢伙。一定會有超多女人貼上來……」

我再度眨眨眼，再度茫然地看著他們。我心想：我可以告訴他們。我可以說，「兩位，我不想出風頭，但你們也許知道我是……」

66 譯注：《哈利波特：消失的密室》初登場的一位家庭小精靈，曾服侍馬份家族，後來在哈利的協助下獲得自由。

67 譯注：《左右做人難》（*Malcolm in the Middle*），美國經典情境喜劇，共七季，拿下七次艾美獎、一次葛萊美獎。敘述圍繞在天才青少年馬爾科姆（Malcolm）一家的故事。湯姆在酒館就是被誤認為主角馬爾科姆。

但我沒有告訴他們。我只是盡可能圓滑地說，「ＯＫ，兩位。很棒的主意。我會考慮的。」

然後，我靜靜地回去喝我的啤酒。

拉斯維加斯。繁忙的飯店大廳。我和我的朋友里奇以及他的家人一起旅行，慶祝我們二十一歲生日。我的髮色是醜哥金。突然有人喊：「阿姆（Eminem）[68]！」真的假的？他在哪？我環顧四周，人群一陣騷動。大家都在找他，我也在找他。我想不想見見金髮反派元祖？正如我的老友傑斯．平克曼會說的，讚啦，臭婊子，當然想。我和里奇掃視大廳，而這時我感覺袖子被拉了一下。我低頭一看，看見一個九歲的男孩，眼睛睜得大大的，緊握著一本簽名簿。他怯生生地向我要簽名，於是我跪下來，和他面對面小聊了幾句，並在簽名簿簽了名。而大廳裡其他人都在瘋狂地尋找超級大痞子（Marshall Mathers）[69]。我把簽名簿還給他，那孩子說：「你知道嗎，你看起來有像阿姆。」（這可能是任何人對我說過最酷的一句話。）

我和里奇互看了一眼，他點點頭。「有點像。」我終於明白情況了。俗話說得好，溜之大吉吧。我們偷偷摸摸地離開人群，將大廳留給熱情的追星族，他們似乎仍然很篤定饒舌之神本人就在他們身邊……

我之所以在本書初次出版[70]後，再寫下這幾頁與各位分享這些故事，是有原因的。公眾人物都會習慣被認出來，或是被誤認。這件事可能令人振奮，也可能令人沮喪，可能讓你開心到飛天，也可能將你拉回地球表面。這件事可能會讓你困惑。因為當大家把你誤認為你的角色、別人的角色，或是完全誤認為別人的時候，到了一個階段，你自己也可能開始犯同樣的錯誤。有一位比我年長的演員曾經告訴我，有人認出他，或

68譯注：阿姆（Eminem），饒舌之神，以其空前的商業成功與白人饒舌歌手身分打破種族壁壘備受讚譽，而被認為是最偉大的饒舌歌手之一，獲獎無數，對二十一世紀的流行音樂有著重大的影響。

69譯注：阿姆本名 Marshall Bruce Mathers III，曾發行以本名為專輯名稱的《超級大痞子》（*The Marshall Mathers LP*）。

70譯注：此處指英國首次出版，下文指的有聲書亦是在英國出版。英美出版通常新書會發行精裝本，上市半年至一年後，視銷售狀況來評估平裝本推出的時間點，本章節是湯姆為了平裝本的發行而新增的章節。

是半認出他的時候，他有時會說這句話：你知道我覺得我是誰嗎？這是一個很可愛的方法，能夠緩解尷尬時刻，但這句話也暗示著更深層的真相：我們這些公眾人物經常不知道自己心中的自己是誰。我們的自我感（sense of self）歪曲，我們的視線模糊。

這本書初次出版之前，我不確定是否有人知道我心中的自己是誰。老實說，我也不確定自己當時是否知道。我之所以會多寫這一章，是為了記錄本書出版後所發生的變化，這是多虧了各位親愛的讀者，也就是一路上支持我的麻瓜們。

二十年來，對於大家為什麼會認出我，我一直覺得無庸置疑。我代表的是大家閱讀、觀賞《哈利波特》的美好回憶，過去是，現在依然也是。即使我被其他演員的粉絲誤認，我也相信他們的腦海中有某種潛意識是認出跩哥的。

我從未想過對這件事實心生怨恨，但重點就是，那些美好回憶和跩哥密不可分，而與湯姆無關。即便一直以來都是如此，這仍會讓人迷失方向，可能會混淆這個問題的答案：「我是誰？」

但是當我的書出版，我上路巡迴和大家聊這本書的時候，發生了一件我沒料到的事。我發現我遇到的人有所改變。來參加新書活動的人似乎不僅是認識跩哥而認識我；他們似乎認識真正的我。他們了解我的音樂，了解我的哥哥，了解我的媽媽、爸爸和外公，了解我的劇場作品還有我的狗。突然間，我覺得我不再只是他們童年的一段回憶。我覺得我是一個能夠成就更多的人。我覺得我可以真正開始展望未來，而不是總是回顧過去。

如果你是那些人其中之一，謝謝你。

一直以來，我總是堅持如果我要講述我的故事，我要盡可能地坦率、誠實。對我來說，寫書是個宣洩的過程，一種微妙的治療方式。最後的成品——也就是你現在拿的這本書，或是你正在聽的有聲書——幾乎不是重點。將我多年來潦草的筆記本匯編成有條理的東西，這已經成了一種個人的追求。寫完之後，我完全忘記我已經把那個版本的自己公諸於世了。當有人問起「小柳最近好嗎？」，或者問到我的戒癮干預、勒戒的經歷時，我會頓時感到困惑。他們怎麼會知道那些事？有時我需要一點時間才想起來，哈！你讓全世界都知道了啊！

所以我覺得非常驚喜的是，讀者對這本書的反應改變了我對自己的看法，而且我覺得最難以下筆的部分似乎對其他人也有意義。不僅如此，甚至還對他們有所幫助。這讓我思考，我們大家都在某種程度上迷失了，用我一首歌的歌詞換句話說，有些人比其他人迷失更多（loster）。有人可能因為讀了我的經歷，而變得稍微不那麼迷失，這讓我滿是喜悅，難以言喻。有人可能會將我的故事帶給他們的收穫分享給其他人，而那股正能量可能會自我延續下去，這讓我幾乎無法想像，但那似乎就是實際發生的情況。

世界各地的人們透過網路傳達給我的愛與支持，讓我大吃一驚。但我也沒有忘記，在《哈利波特》社群之中以及社群之外，有些人在網路世界的互動並不是那麼正向。身為網路世界的一份子，這讓我思考公開表達自己的意見時，我們對彼此的責任。

在我們現在的時代，只要你想要，每個人都能擁有自己的舞台。在這個世界，每個人都能按個按鈕、滑個手機，發布自己的意見。從前，一封粉絲信件要花三個月才能寄到我手上；回覆也要同樣長的時間。現在，這樣的互動只需要幾秒鐘的時間。這發生的速度、世界變化的速度相當可怕。在我看來，事物迅速改變時，我們必須快速學習。但我不確定我們學得是否夠快。網路是個了不起的工具，能創造社群，讓充滿熱忱的人齊聚一堂。我們可以同時向世界各地的每個人說話。這賦予我們巨大的權力，可以給他人幸或不幸。而只要是了解《哈利波特》故事的人都一定明白，權力必須明智地使用。

我認為在某個時候，我們可能已經忽略了那一點。網路的好處有時會被它黑暗的一面所掩蓋，被網路挑釁、暴力與仇恨所掩蓋。被逞一時口舌之快的留言所掩蓋，輸入留言的時候沒有考慮到持相反意見的人。我的經驗告訴我，如果我們能以更正面的態度來運用這些工具，我們都會更快樂。我見過正面的情況，而且我樂觀認為改變正在發生。我想要站出來，捍衛人們表達自己，而不必害怕黑特報復的權利。讓別人覺得愚蠢無知，往往沒有什麼好處；而透過開誠布公、互相尊重的對話，我們可以得到很多。我們應該要獨立思考，但不是獨自思考。我們應該要將網路與其帶來的自由用作一股善良的力量。我會這麼說，不僅是因為相反的作法會把我們帶向極其黑暗的地方，也是因為我們唯有透過討論、聆聽其他觀點——以及最重要的——溫柔善良，才能讓世界變得更美好。

我認識的人中，並不是每個人都喜歡閱讀這整本書。有些章節讓我的家人很不舒服，我媽媽不忍閱讀我的三智者那部分。她希望自己當時能夠參與戒癮干預，但她當時也不可能知道我腦中在想什麼。不過，在我收到的所有書評中，讓我印象最深刻的，也就是我最後想要與各位分享的，是我外公的評語。

各位還記得我的外公：教踟哥冷笑的那個人嗎？在我所有的潛在讀者中，我最期待也最害怕聽到外公的反應。他會喜歡嗎？他會討厭嗎？他會——我猜想他有可能——採取不無道理的立場，認為我才三十三歲，還沒有足夠的人生經歷來寫自傳嗎？如果是這樣，我知道外公會直接告訴我。

老實說，我不確定他這樣的高齡是否還能讀這本書。所以我去見他時有點扭捏，打算唸幾章給他聽。我到了外公家，我們一起坐了一會兒，喝茶、吃餅乾。各位或許還記得，他是一位出色的科學家，但他也熱愛藝術。一開始，我們沒有討論我的故事。我們討論的是完全不同的作品：狄倫．湯瑪斯（Dylan Thomas）的《牛奶樹下》[71]（*Under Milk Wood*）。我們一起讀了一些對白，研究現代的舞台可能會如何改編這齣劇。然後，我終於鼓起勇氣說：「外公，我想唸一章我的書給你聽。」

「你的書？」

「我的書。」

「我讀過了，讀了兩次。」

「喔！你覺得如何？」

他傾身向前，撫著他又長又白的鬍子，從眼鏡上方凝視著我，就像鄧不利多一樣。

「我真的……」

「請說。」

「……真的……」

「嗯嗯？」

「……很喜歡。但是，湯姆啊？」

「什麼事，外公？」

「我們繼續討論《牛奶樹下》，好嗎？」

我微笑，因為我知道他想說什麼，這個睿智的老巫師。

他想說的是：湯姆，你什麼都還沒做。你才剛剛開始而已。第一章或許結束了，但我們別回頭看，我們要往前看。

往下一件事情邁進吧，湯姆，最好的還在後頭呢。

71 譯注：《牛奶樹下》（*Under Milk Wood*），威爾斯詩人、作家狄倫・湯瑪斯（Dylan Thomas）的經典作品，多次製作成廣播劇，也曾兩度改編成電影。此劇最早是狄倫受英國廣播公司委託於一九五四年創作的廣播劇，劇本故事可溯自作家早年的創作，並早於一九五二年即在文學雜誌《Botteghe Oscure》刊登前半部分。

致謝

感謝 Ebury 出版社的巫師和女巫，特別是克萊兒・柯林斯（Claire Collins）、安德魯・古德費洛（Andrew Goodfellow）、夏洛特・哈德曼（Charlotte Hardman）、潔西卡・安德森（Jessica Anderson）、帕特西・歐尼爾（Patsy O'Neill）、謝莉斯・羅柏森（Shelise Robertson）、莎拉・史嘉利（Sarah Scarlett）、蕾貝卡・瓊斯（Rebecca Jones）和珍奈・斯林格（Jeanette Slinger），感謝有你們的努力，讓這本書成真。致我的作家經紀人史蒂芬妮・史威特（Stephanie Thwaites）以及柯提斯・布朗經紀公司（Curtis Brown）的所有人。致我的法文和二次方程式的老師亞當・帕菲特（Adam Parfitt），感謝老師的耐心與文筆。

致全世界所有的粉絲社團，特別感謝 feltbeats.com 的女孩們不懈的支持。致約翰・

艾坎塔（John Alcantar），感謝你將我帶進漫畫展的世界，並在世界各地牽著我的手。致我的團隊——蓋瑞・歐蘇利文（Gary O'Sullivan）、克里夫・莫瑞（Cliff Murray）、賈斯汀・葛雷・史東（Justin Grey Stone）、艾利森・班德（Allison Band）、史蒂芬・格什（Steven Gersh）、傑米・費德曼（Jamie Feldman）、史考特・沃馬克（Scott Womack）和羅米莉・鮑比（Romilly Bowlby）——謝謝你們總是照顧我。感謝一路上幫助過我的人：安・伯里（Anne Bury）、蘇・阿伯克斯（Sue Abacus）、美心・霍夫曼（Maxine Hoffman）、邁克爾・達夫（Michael Duff）、妮娜・戈德（Nina Gold）、彼得・海威特（譯注：《寄居小奇兵》的導演）、安迪・泰南（Andy Tennant）、克里斯・哥倫布、艾方索・柯朗（Alfonso Cuarón）（譯注：《哈利波特：阿茲卡班的逃犯》的導演）、邁克・紐維爾（Mike Newell）（譯注：《哈利波特：火盃的考驗》的導演）、大衛・葉慈、凱文・雷諾斯（譯注：《復活之謎》的導演）、艾瑪・阿桑特（Amma Asante）、查理・斯特拉（Charlie Stratton）、莎拉・舒格曼（Sara Sugarman）和瑞秋・塔拉萊（Rachel Talalay）。致約瑟夫・范恩斯、安迪・瑟克斯、保羅・霍吉（Paul Hodge）、山姆・斯溫斯伯里（Sam Swainsbury）、葛蘭・高斯汀（Grant Gustin）和已故的戴夫・雷傑諾（Dave Legeno），謝謝你們都曾經特別照顧過我。致傑森・艾薩克，因為對一個兒子來說，你是最好的第二位爸爸。感謝里奇・傑克森（Richie Jackson）、梅麗莎・塔姆希克（Melissa Tamschick）和他的媽媽安（Anne）、泰莎・戴維斯（Tessa Davies）、麥可・伊格爾－霍奇森（Michael Eagle-Hodgson）、史蒂維、羅伯（Rob）與妮娜・查倫斯（Nina Challens）、麥特・「大廚」・懷特斯（Matt 'Chef' Whites）、丹・羅爾（Dan Raw）和所有劇組人員，感謝你們給我的美好童年回憶。感謝潔德、史蒂維G和整個高登（Gordon）家庭，感謝你們張開雙臂接納我。

致德瑞克・皮茲（Derek Pitts），感謝你成為我的好……朋友。致葛瑞格・塞普斯，感謝你教我如何與海鷗交談。致丹尼爾・雷德克里夫和魯柏・格林特，感謝霍格華茲和往後的歲月有你們。致艾瑪・華森，感謝妳這麼多年來和我一起呱呱叫。致所有參與《哈利波特》電影製作的人，感謝你們幫忙塑造了現在的我。致我的哥哥們，感謝你們讓我這隻小蛆腳踏實地。致我的祖父母，特別是外公和溫蒂外婆，感謝你們鼓勵我探索生命的奧妙。感謝我親愛的海馬（Seahorse），如燈塔一般每天照亮我，還教我低音管。

最後，感謝我的媽媽和爸爸，感謝你們做的一切。

國家圖書館出版品預行編目資料

魔杖之外 : 湯姆.「跩哥馬份」.費爾頓的成長與掙扎/湯姆.費爾頓(Tom Felton)著; 王之瑜譯. -- 初版. -- 臺北市 : 大塊文化出版股份有限公司, 2023.06
面；　14.8×20公分. -- (mark ; 185)
譯自 : Beyond the wand : the magic and mayhem of growing up a wizard.
ISBN 978-626-7317-21-1(平裝)
1.CST: 費爾頓(Felton, Tom, 1987-) 2.CST: 演員 3.CST: 自傳 4.CST: 英國
784.18　　112006977

我出生後幾分鐘，爸媽，哥哥們和我

度假中的我和爸爸

家庭露營之旅

我和金克、艾許、克里斯

有點像葛來分多傻子的配色…

耶穌誕生劇，我最早的演出之一

上學

……紐約

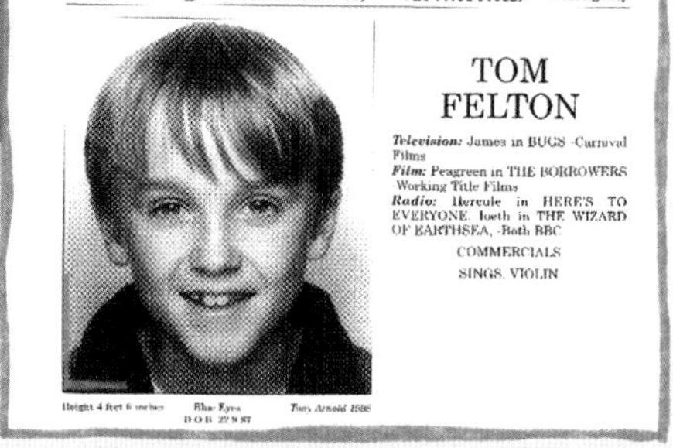

ABACUS AGENCY 39 Horne Road Shepperton Middlesex TW17 0DJ Tel: 01932 568224 Fax: 01932 568225 Full C.V's available from Agency

TOM FELTON

Television: James in BUGS -Carnival Films
Film: Peagreen in THE BORROWERS -Working Title Films
Radio: Hercule in HERE'S TO EVERYONE. Ioeth in THE WIZARD OF EARTHSEA, -Both BBC

COMMERCIALS

SINGS. VIOLIN

Height 4 feet 6 inches Blue Eyes D.O.B. 22.9.87 Tony Arnold 1996

……我和「假外公」，拍攝我的第一支廣告

「真外公」在霍格華茲餐廳的主餐桌

《寄居小奇兵》邊拍邊玩

1996

我和媽媽
在謝珀頓
片廠

我和茱蒂·佛斯特
在馬來西亞拍攝《安娜與國王》

史萊哲林
養成中

2001

《哈利波特》早期的日子

和艾瑪、阿爾弗
一起上麻瓜研究

Harry Potter Star Is Carp Crazy!

He's great at Quidditch and loves nothing more than hopping on a broomstick! But carp fishing is more important than any of this to Tom Felton, the lad who plays Draco Malfoy in the Harry Potter films...

Angler Fact File

我青少年時期的樂園

克里斯·哥倫布指導我們的第一場大戲

謝了，戴文。謝了，喬許！

在霍格華茲特快車旁的第一集DVD上市活動

媽媽：愛你喔 湯姆費爾頓

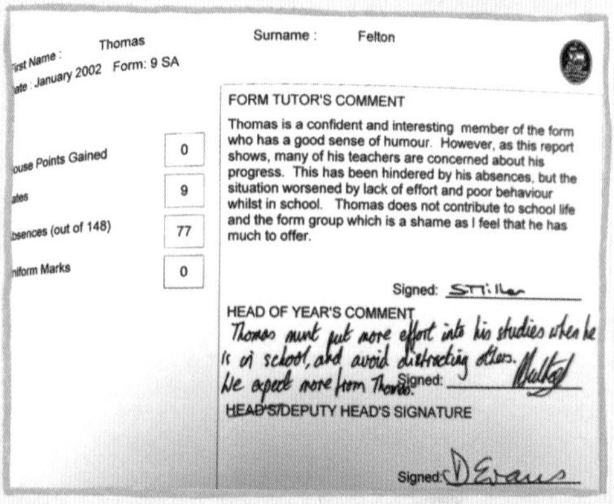

irst Name : Thomas
Surname : Felton
ate : January 2002 Form: 9 SA

ouse Points Gained	0
ates	9
bsences (out of 148)	77
niform Marks	0

FORM TUTOR'S COMMENT

Thomas is a confident and interesting member of the form who has a good sense of humour. However, as this report shows, many of his teachers are concerned about his progress. This has been hindered by his absences, but the situation worsened by lack of effort and poor behaviour whilst in school. Thomas does not contribute to school life and the form group which is a shame as I feel that he has much to offer.

Signed: STiller

HEAD OF YEAR'S COMMENT

Thomas must put more effort into his studies when he is in school, and avoid distracting others. We expect more from Thomas.

Signed: [signature]

~~HEAD'S/~~DEPUTY HEAD'S SIGNATURE

Signed: D Evans

小時候褒貶不一的成績單評語

羅比
馬丁

海格與詭異的
橡膠湯姆

和艾瑪出席
迪士尼頻道
頒獎典禮

我和哥哥們去找
上了大學的金克

我和媽媽準備前往
《哈利波特》首映會

2007

我和克里斯．哥倫布，
於紐約

艾方索向我介紹《怪獸的怪獸書》

HP3

出外景拍攝《阿茲卡班的逃犯》，和我最愛的「該死的雞」相見歡

百老匯後台

打魁地奇、打板球，
我和丹尼爾都是競爭對手

與大衛・霍姆斯
合照，史萊哲林再次
奪下勝利

日本的一場動漫展　戲外與灰背抱一下

三個馬份　這比抱老佛好多了

衛斯理之愛　葛來分多難得贏一場

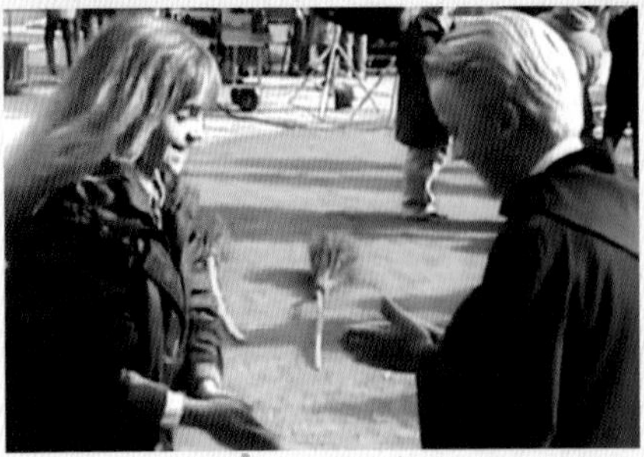
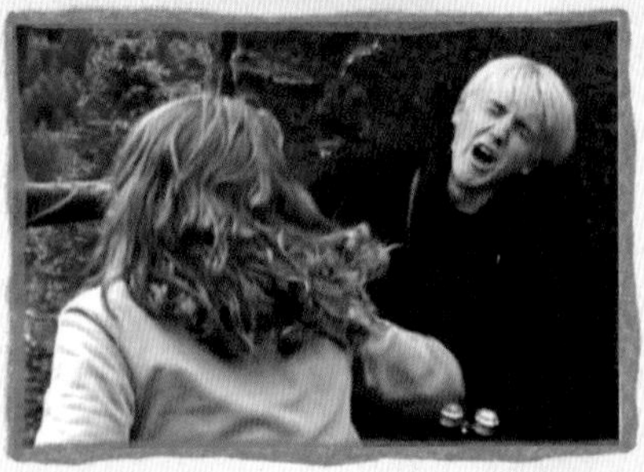

戲裡戲外的啪啪打

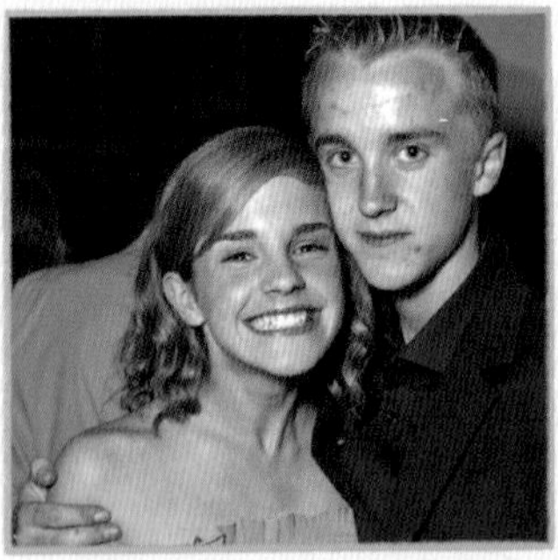
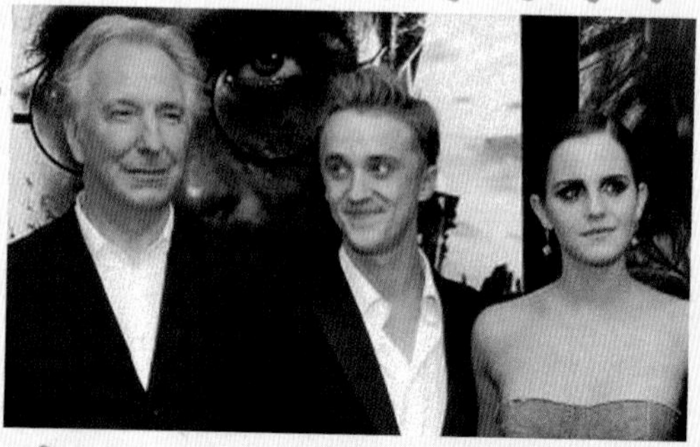

和艾倫一起走紅毯

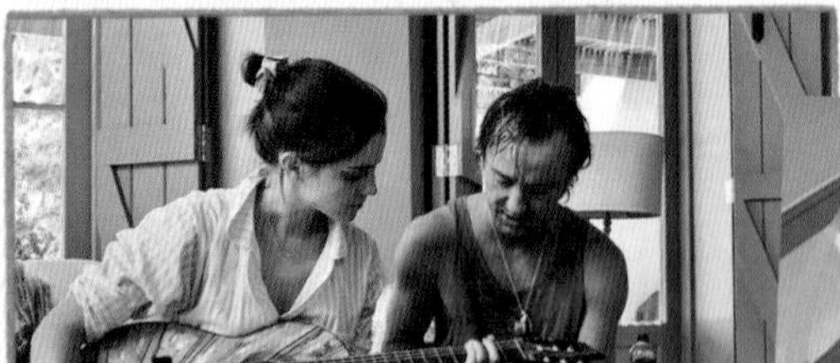
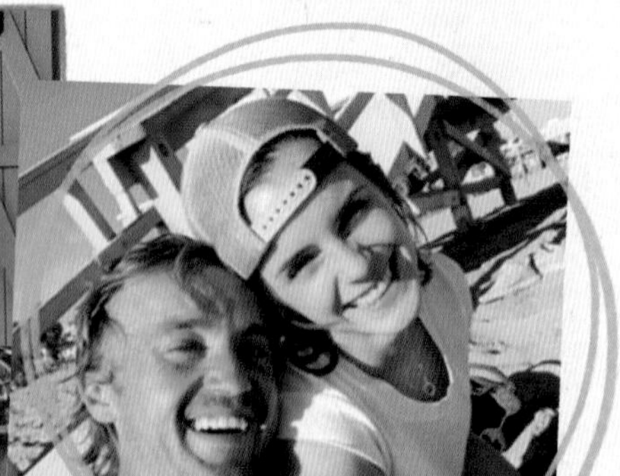

和我最喜歡的鴨子一起呱呱叫

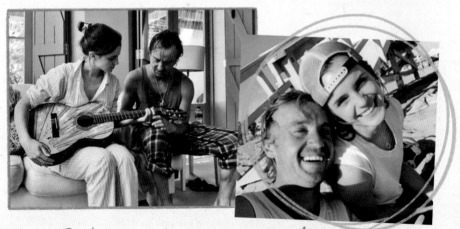

《猩球崛起》

跳進好萊塢

溜滑板到海灘

洛杉磯街頭賣藝

粉絲見面會

不同版本的我

《13小時：班加西的秘密士兵》

《聯合王國》

《謎宮》

約瑟夫·范恩斯

《復活之謎》

《奧菲莉亞》

《被遺忘的戰役》

加州海灘生活

小柳，我最好的朋友

（她長大了一點）

我和葛瑞格·塞普斯，
於威尼斯海灘

戲裡死對頭
戲外好朋友

碧翠絲·羅米利　曼迪·吉爾　山姆·斯溫斯伯里

我的倫敦西區初登台

SBOBET